VINDOBONA

VERLAG SEIT 1946

A. IREG

LEICHT WAR ES NICHT

Bibliografische Information
der Deutschen Nationalbibliothek:

Die Deutsche Nationalbibliothek
verzeichnet diese Publikation in
der Deutschen Nationalbibliografie.
Detaillierte bibliografische Daten
sind im Internet über
http://www.d-nb.de abrufbar.

Alle Rechte der Verbreitung,
auch durch Film, Funk und Fernsehen,
fotomechanische Wiedergabe,
Tonträger, elektronische Datenträger und
auszugsweisen Nachdruck,
sind vorbehalten.

www.vindobonaverlag.com

© 2024 Vindobona Verlag

ISBN 978-3-903574-18-2
Lektorat: Jasmin Fürbach
Umschlagfoto: Isselee | Dreamstime.com
Umschlaggestaltung, Layout & Satz:
Vindobona Verlag

Gedruckt in der Europäischen Union
auf umweltfreundlichem, chlor- und
säurefrei gebleichtem Papier.

Inhaltsverzeichnis

VORWORT

Diese Erzählung soll beileibe keine Abrechnung in irgendeiner Form sein und schon gar keine Elegie. Nur, durch den Tod seiner Frau hat er sein Leben an sich vorüberziehen sehen und festgestellt, optimale Bedingungen hatte er nicht. Plötzlich tauchten Erlebnisse und Episoden, die er als verarbeitet abgehakt hatte, ganz plastisch wieder auf, als ob sie erst gestern passiert wären. So begann er, sich alles von der Seele zu schreiben. Sein Bruder ist zwar der Meinung, dass gerade die Härte seiner Kindheit der Grundstein dafür war, dass er sich später so durchsetzen konnte und beruflich unerwarteterweise viel erreicht hat. Er selbst ist aber der Ansicht, durch Zuwendung statt Prügel und Förderung seiner Talente wäre viel mehr möglich gewesen. Sei's drum, man kann das Rad der Zeit nicht zurückkehren, also ist es müßig darüber auch nur nachzudenken, was wäre wenn …

Seine Kinder und Enkel sind ihm ein großer Trost und machen ihm viel Freude. Das ist das Wichtigste für ihn. Seine intakte Familie, in der immer jeder für jeden da ist.

Also: keine Ressentiments. So ist halt das Leben, oder war es, fast.

LEICHT WAR ES NICHT

Die Kindheit

Das Früheste, woran er sich dunkel erinnern kann, ist ein Kuckucks Ruf aus dem Volksempfänger, der immer eingeschaltet bleiben sollte, weil damit ein bevorstehender Bombenangriff ankündigt wurde, unmittelbar gefolgt von ohrenbetäubendem Sirenengeheul. Jemand hob ihn hoch und alle liefen in den Keller. Sie waren fast immer die Ersten, denn die Wohnung lag im Erdgeschoss direkt neben der Kellerstiege. Seine Mutter erzählte ihm später, dass er gesagt hätte, die Bomben sollten doch die Rauchfangkehrer treffen, da er so große Angst vor ihnen hatte. Das hat ihm die Hausfrau, der der Rauchfangkehrerbetrieb gehörte, nie verziehen. Unten saß er auf jemandes Schoß neben einem Verschlag mit Kohle und kritzelte in einem Buch. Ununterbrochen krachte, ratterte und pfiff es. Nach besonders lautem Getöse sagte eine Stimme: „Jetzt hat es in der Nähe eingeschlagen." Wenn wieder eine Sirene ertönte, wurden alle ruhiger und man ging nach oben in die Wohnung zurück, erleichtert, dass heute nichts passiert war. Ein Hausbewohner wurde losgeschickt, um zu sehen, ob ein Nachbarhaus von einer Bombe getroffen worden war.

Wenn die Mutter und die großen Geschwister beschäftigt waren, schlich er mit seiner kleinen Schwester von der Küche ins Geschäft. Dies war eine, seit dem Beginn des Zweiten Weltkrieges, geschlossene Greißlerei, die wegen der heruntergelassenen Rollläden ziemlich dunkel und ein bisschen unheimlich war. Es waren viele große und kleine Schubladen und Regale da, die sie durchsuchen konnten. Manchmal fanden sie auch etwas. Ein Stück Brot oder Semmeln, welche die Mutter jeden Tag in einer anderen Lade versteckte, damit nicht alles auf einmal aufgegessen würde. Er erinnert sich auch daran, dass er einmal im Spital gewesen war, in einem großen Saal, mit vielen anderen Kindern. Dort gab es Weißbrot mit Butter und einer Marillenmarmelade, die in Scheiben aufgelegt wurde. Ein großer Bub sang immer: „Lustig ist das Zigeunerleben, Varia." Später erzählte ihm seine Familie, er hätte Scharlach gehabt und sei zwei Minuten lang tot gewesen, sein Herz hatte aufgehört zu schlagen.

Vom fünften Lebensjahr an weiß er schon sehr viel mehr. Zum Beispiel, dass er einmal alleine in den Pfarrkindergarten ging und, weil er so großes Bauchweh hatte, machte er in die Hose. Alles rann über die nackten Beine in die kurzen Socken und die hohen Schuhe. Die Klosterschwestern schimpften ihn furchtbar aus, aber ein Mädchen mit einer schwarzen Glott-Schürze tröstete ihn und er schmiegte sich ganz eng an sie.

Der Vater war mittlerweile aus dem Krieg heimgekehrt und so war die ganze Familie wieder beisammen. Der Vater, die Mutter, die große Schwester, der Bruder, die kleine Schwester, die fünfzehn Monate älter war als er und er selbst. Von seiner Gefangenschaft in Frankreich erzählte der Vater fast nie. Nur einmal, als Vater und Mutter wisperten, geriet die Mutter in Rage. Der Vater hatte einem Neger die Schuhe putzen müssen. Einem Neger! Das war wohl die größte Demütigung.

Das Lebensmittelgeschäft war jetzt wieder offen und die Eltern waren damit sehr beschäftigt. Der Weg in die Volksschule war nicht allzu weit, ähnlich wie in den Kindergarten, nur sechs oder sieben Häuserblocks, am Zigeunerhaus vorbei, in dem der Schuster in seinem zur Straße offenen Laden arbeitete. Im Winter konnten seine kleine Schwester und er nicht gemeinsam gehen, da sie wegen des Wechselunterrichts immer nachmittags Schule hatte. Aus Mangel an Heizmaterial wurde nur eine bestimmte Anzahl von Klassenzimmern beheizt. Auch in die Ausspeisung, die viel weiter weg war als die Schule, wo es Milchreis oder Grießkoch gab, ging er alleine, weil seine kleine Schwester den Geruch nicht aushalten konnte.

Die Eltern waren sehr fromm und die Neun-Uhr-Messe am Sonntag wurde immer besucht. Das war manchmal richtig langweilig. Besonders die Wandlung. Immer den Kopf nach unten halten und nicht zum Altar schauen dürfen. Während er so kniete, begann er, das schöne Ornament von der Rückseite der Bank vor sich mit dem Finger nachzuziehen. Plötzlich und völlig unerwartet kam von hinten ein Schlag, dass er umfiel. „Für dich muss man sich ja genieren", zischte die Mutter. Für den lieben Gott muss man halt recht brav sein.

Nach der Kirche sortierte er zu Hause mit seiner kleinen Schwester die Rayonierungsmarken vom Geschäft, die von den Kunden beim Einkaufen abgegeben werden mussten und ohne die man nichts bekam, nach Farben und römischen Ziffern. Er hoffte jedes Mal, dass er nicht husten oder niesen musste, da kämen die Häufchen wieder durcheinander und es gäbe ein richtiges Donnerwetter. Der Vater klebte die Marken dann mit Wasserglas auf eine alte Zeitung, damit sie am Montag beim Magistrat abgegeben werden konnten. Wenn sie damit fertig waren, halfen sie der Mutter für das Mittagessen beim Erdäpfelschälen oder Salatputzen.

Manchmal war es aber auch lustig nach der Kirche im Pfarrhof. Es war eine Menge Kinder da zum Fangen spielen oder mit einem Ball abschießen. Er musste nur aufpassen, dass die Schuhe nicht schmutzig wurden.

Mit der Schwester Maria aus der Pfarrkanzlei hatten die Eltern viel zu besprechen. Eines Tages hieß es: „Du wirst verschickt". Seine kleine Schwester war schon einmal fast ein Jahr weg gewesen und jetzt durfte er mit ihr, von der Caritas organisiert, auf Erholung fahren.

Für die Eltern war es ganz wichtig, dass die beiden Kinder vor der Abfahrt die Erstkommunion erhielten. So wurde für nur drei Kinder, seine kleine Schwester, ein fremdes Mädchen aus der Pfarre und ihn, diese Zeremonie bei einem Hochamt vorgenommen. In seinem Matrosenanzug mit kurzer Hose, aber in langen weißen, sehr gestärkten Strümpfen mit Strumpfbandgürtel, der überall zwickte, fühlte er sich da vorne, direkt vor dem Altar, vor so vielen Menschen gar nicht wohl. Und als er dann noch über den Teppich stolperte, lief er vor Verlegenheit rot an. Nach der Messe sagte der Vater zu ihm, sogar zum Gehen sei er zu blöd. Dann ging die ganze Familie in den Kongress Park, um schöne Erinnerungsfotos zu machen.

Zur Abfahrt vom zerbombten Westbahnhof war die Mutter mit gekommen und sie sagte zum Abschied nur, wir sollen gesund heimkommen. Alle Kinder erhielten eine rosa Identitätskarte mit einer weißen Sisalschnur um den Hals. Darauf müsst ihr besonders gut aufpassen, sagte Schwester Maria. Als der Zug abfuhr, saß er Hand in Hand mit seiner Schwester auf Gepäcksstücken im Gang vor einem Abteil. Es wurde während der Fahrt viel gesungen, und es gab Brot mit gesalzener Butter oder Schnitt-Marillenmarmelade aus einer Holzkiste.

Nach einer langen Reise mit der Eisenbahn wurden sie in der Nacht zu einem riesengroßen dunklen Kasten gebracht, in den sie im Gänsemarsch hinein marschierten. Es war ein Schiff, auf dem sie die nächsten drei Tage verbringen sollten. Während einer Essensausgabe verlor er seine Schwester aus den Augen und er war nun, mit sechs Jahren, ganz allein. Wahrscheinlich hatte man die beiden absichtlich getrennt, um das Heulen beim Abschied zu vermeiden. Sie kamen ja zu verschiedenen Pflegeeltern, was sie aber noch nicht wussten.

Nach einer endlosen Schifffahrt, während der ihm sterbenselend war und er sich ständig übergeben musste, stiegen alle wieder in eine Eisenbahn, um weiter zu fahren.

Es war Nacht, er war müde und der monotone Takt der Räder auf den Schienen ließ ihn sehr bald einschlafen.

Als er wach gerüttelt wurde, sah er in fremde Gesichter, die über ihn gebeugt waren und alle redeten gleichzeitig in einer fremden Sprache auf ihn ein. Er wurde in ein Auto gesetzt und sie fuhren zu einem Haus mit einem großen Garten. Beim Aussteigen half ihm eine freundliche alte Frau, die Großmutter, die ihn mit seinem Namen ansprach. Sie konnte ein bisschen Deutsch und erklärte ihm, dass er jetzt in Portugal sei und die nächsten Monate bei dieser netten Familie verbringen würde. Es wäre auch ein Bub da, etwas jünger, der schlafe aber schon. Morgen würde er alles besser kennen lernen, jetzt solle er sich gründlich ausschlafen.

Die folgenden elf Monate musste er immer wieder staunen. Die Menschen um ihn herum waren sehr nett und großzügig und er wunderte sich darüber, was es alles gab. Ein Badezimmer, Obst, so viel Essen, wie man wollte und das er zuvor noch nie gesehen hatte, sogar auch noch am nächsten Tag! Zum ersten Mal aß er Orangen, die mit Messer und Gabel geschält wurden, um die Hände nicht schmutzig zu machen, obwohl das Dienstmädchen mit dem Lavabo, einer kleinen Schüssel mit Wasser, um den Tisch ging, damit man sich die Fingerspitzen waschen konnte. Er hatte ein eigenes Zimmer mit einer Zinkbadewanne voller Spielsachen, es gab sogar eine eigene Kapelle in dem großen Haus (auch die Pflegeeltern warten sehr gläubig), einen Speise-Aufzug aus der riesigen Küche im Untergeschoss und viele alte Pistolen und Säbel an den Wänden, Dienstmädchen, Kindermädchen und einen großen Park mit Palmen. Der kleine Bub, der jetzt sein Pflegebruder war, hatte vier große Schwestern und so war er das Nesthäkchen, um das sich alles drehte. Und der auch alles bestimmte.

Einmal wurde er auch in Portugal sehr krank. Einige Tage war ihm schwindlig und es freute ihn gar nichts. Wenn sie zum Essen bei Tisch saßen, hatte er das Gefühl, er stünde in einer Ecke des großen Salons und sähe sich selbst dabei zu, was er tat. Kurz darauf musste er ins Spital, er hatte eine schwere Lungenentzündung. Besonders schlimm war die Untersuchung der Lunge. Es wurde ein dünner Gummischlauch in seine Luftröhre geschoben und man sagte ihm, er dürfe auf gar keinen Fall schlucken, sondern müsse ganz normal weiteratmen. Er würde dafür eine Belohnung bekommen, einen Kasten mit Plastilin, womit man alles formen kann. Er riss die Augen vor lauter Angst auf und krallte sich an irgendetwas fest. Nach der Untersuchung durfte er zurück in sein Bett. Nach einigen Tage war das hohe Fieber vorbei und er konnte wieder zu seiner Pflegefamilie zurück. Er bekam eine eigene Krankenschwester, die nur für ihn da war.

Trotz allem, war es eine wunderschöne Zeit. Nach einem halben Jahr sollte er wieder nach Hause fahren, doch er durfte noch fünf Monate bleiben, man erzählte ihm, die Russen hätten die Schienen von wichtigen Eisenbahnlinien zerstört und es konnte kein Zug fahren.

Als er wieder nach Hause zu seinen Eltern kam, war er plötzlich sehr gefragt. Täglich, manchmal auch öfters am Tag, wurde er zu Familien gerufen, deren Kinder ebenfalls in Portugal gewesen waren, um zu dolmetschen. Denn nur er konnte Portugiesisch und Deutsch. Seine

Pflegeeltern hatten ihn klugerweise dazu angehalten, jeden Tag mindestens eine halbe Stunde lang laut aus einem deutschen Buch vorzulesen und so hatte er als einziger seine Muttersprache nicht verlernt. Sogar für seine kleine Schwester musste er manchmal übersetzen. Nach einigen Wochen konnten alle wieder Deutsch und er wurde nicht mehr gebraucht. Für seine Eltern war es nicht wichtig, ihn in den Portugiesisch-Klub gehen zu lassen, in den die Mehrzahl der heimgekehrten Kinder jetzt ging, um jetzt das Portugiesisch nicht zu verlernen. Er vergaß es schon.

An einem Muttertag hatte er gemeinsam mit seiner kleinen Schwester das Frühstück vorbereitet und er sollte nun das Obers für den Kaffee schlagen. Da er es zu lange schlug, wurde daraus fast Butter. Der Vater schimpfte wie üblich, dass er zu deppert für alles und jedes sei. Zum ersten Mal nahm ihn die Mutter in Schutz. Aber absichtlich oder nicht, ihre Hilfe war für ihn alles andere als ein Trost. „Hacke nicht immer auf dem Buben herum", sagte sie, „was kann er denn dafür, dass er ein unerwünschtes Kind ist." Das verletzte ihn tief.

So sehr der Vater ihn auch fühlen ließ, dass er ihm gleichgültig war und ihn nicht mochte, er hat ihn nie gezüchtigt. Das Schlagen und Prügeln waren Sache der Mutter. Seine große Schwester, eine Volksschullehrerin, mischte sich da nicht ein. Für sie war wichtig, ihre Modezeichnungen in Ruhe zu machen, und dass ihre Fingernägel perfekt lackiert waren. Der Bruder, ebenfalls ein studierter Lehrer, hatte wiederum Spaß daran, ihn in Angst und

Schrecken zu versetzen. Im Krieg war am Stillfried Platz
ein Löschteich, in dem ein großer, dicker Schlauch herum
schwamm. Das ist eine gefährliche Seeschlange und komme
ihr nicht zu nahe, sonst verschlingt sie dich, sagte er. Die
Tunnel der Eisenbahn-Vorortelinie waren die Krampus-
löcher. Pass auf, sonst wirst du hinunter gezogen und in
der Hölle gebraten und mit Haut und Haar aufgefressen.

Ein Mädchen aus der Nachbarschaft hatte seine kleine
Schwester und ihn zum Ringelspielfahren im Liebhartstal
eingeladen. Es waren zwei unbeschwerte, lustige Stunden. Als sie wieder heim kamen, wartete die Mutter des
Mädchens, eine Kundin der Greißlerei, fuchsteufelswild
bei den Eltern auf sie. Sie behauptete, seine Schwester
und er hätten ihre Tochter dazu angestiftet, das Geld für
den Ausflug aus der Haushaltskasse zu stehlen.

Wenn er eventuell an etwas schuld sein könnte, hinter-
fragten die Eltern nie etwas. Diesmal waren sie beide
dran, auch die kleine Schwester. Es gab eine Vielfalt an
Strafen, wenn man schlimm gewesen war. Eine davon
war die „nasse Hand". Unter dem Küchentisch stand ein
großer weißer Hocker. Dieser wurde nun hervor geholt,
sie mussten die Unterhosen ausziehen und legten sich
abwechselnd über den Hocker. Dann schlug die Mutter
mit der nassen Hand, das erhöhte den Schmerz, (dafür war extra eine Schüssel mit Wasser bereit gestellt)
auf den nackten Popsch, bis ihr selbst die Hand wehtat.
Meist aber verprügelte die Mutter ihn mit Fäusten und
Fußtritten, denn die Schläge mit der flachen Hand ta-
ten ihr selbst auch weh.

Eine andere Strafe war das Knien. Die Mutter fand immer etwas, das er angestellt hatte. Er musste dann in der Küche knien, die an das Geschäft angrenzte, so brauchte sie sich nicht um ihn zu kümmern, er war ruhig gestellt. Stundenlang. Manchmal fragte eine Kundin nach ihm, weil er ja sehr oft die Einkäufe in deren Wohnung trug. Er war schlimm, sagte die Mutter. „Wenn er wieder knien muss", (dieses Prozedere war allgemein bekannt) sagte die Kundin, „dann knie ich mich dazu". Zwar durfte er dann aufstehen, bis die Frau gegangen war, die Mutter war jetzt aber noch viel böser als vorher. Manche ältere Frauen kauften bei der Mutter nur deshalb ein, weil er ein zuverlässiger „Zustelldienst" war. Von einer, bei der es in der Wohnung so stank, dass er die ganze Zeit versuchte, den Atem anzuhalten, bekam er einen Guckkasten, in dem man spezielle Bilder einschob und sie dann wirklich räumlich aussahen. Eine andere schenkte ihm einen Raulederbeutel mit Silbermünzen von Kaiser Franz Josef.

In einer Karwoche fuhr die Mutter mit der kleinen Schwester und ihm zum Gerngross nach Mariahilf. Das Kaufhaus war sehr bunt für das Osterfest großartig dekoriert und er sah zum ersten Mal eine Rolltreppe. Die faszinierte ihn und er fuhr dauern auf und ab. Plötzlich wurde er bewusstlos. Man brachte ihn ins nahe gelegene Sophien Spital, wo man eine starke Stirn- und Kieferhöhlen Eiterung diagnostizierte. Er musste über eine Woche zur Beobachtung dort bleiben. Die ganze Familie besuchte ihn. Außer dem Vater. Der war nicht. gekommen. Nach der Entlassung, musste er zwei Wochen hindurch täg-

lich zur Punktion kommen. Die Kundin, welche ihm die
Silbermünzen geschenkt hatte, eine kinderlose Witwe,
fuhr mit ihm mit der Straßenbahn ins Spital. Sie war
sehr lieb und fürsorglich. Sie musste sich immer weg-
drehen, wenn der Arzt mit einer abgeschrägten Punk-
tionsnadel, die fast so dick wie ein dünner Bleistift war,
in seine Nase fuhr und den Knochen mit einem Knir-
schen durchstieß. Das tat so weh, dass ihm die Tränen
herunter rannen. Auch seiner Begleiterin, aus Mitleid.
Und das jeden Tag, weil das Siebbein am nächsten Tag
wieder zugewachsen war. Nach 14 Punktionen hatte er
die Tortur endlich hinter sich. Mehr war ohnehin nicht
auszuhalten. Beim nach Hause fahren mit der Straßenbahn, drückte sie ihn immer ganz fest an sich.

Einmal hatte er sich zum Geburtstag ein Reifen-Wurf-
spiel gewünscht. Er hatte es seiner Mutter auch im Pa-
pierwarengeschäft gezeigt. Als er das Geschenk zum
Geburtstag doch nicht bekam, sagte die Mutter nur, er
wäre nicht brav genug gewesen und hätte es sich nicht
verdient. Es kam auch vor, wenn er ganz ungezogen gewesen war, er wusste selbst aber nicht, was er angestellt
hat, dass die Mutter sagte, heute müsse er über Nacht in
den Keller. Wenn es finster wurde, zerrte sie ihn hinunter. Vor dem Abteil ließ sie sich von dem Wimmern und
Weinen erweichen und sagte, dass sie heute ausnahms-
weise Gnade vor Recht ergehen lassen wolle und er in
seinem Bett schlafen dürfte. Beim nächsten Mal würde er aber in eine Anstalt für schwer erziehbare Kinder
kommen. Nach Kaiser Ebersdorf oder noch besser nach
Eggenburg, das sei weiter weg.

Als er eines Tages die Mutter fragte, wo denn das Sackerl mit den Silbermünzen sei, er hatte es in der Rumpelkammer auf eine Stellage gelegt, er selbst hatte ja nichts, wo er eigene Sachen hingeben konnte, sagte sie, „Die habe ich dem Walter geschenkt“, ihr ältester Enkel, „Wofür brauchst du sie denn?“ Auf seinen Einwand, dass es doch sein Eigentum gewesen sei, zuckte sie nur mit den Schultern. Auch der Guckkasten war nicht mehr da.

Seine ganze Freizeit verbrachte er im Pfarrhof. Er hatte dort hinter einem Kasten eine schwarze und eine braune Schuhbürste versteckt. Nach dem Fußballspielen putzte er seine Schuhe und so gab es zu Hause von der Mutter keine Strafe.

Jeden Samstag war Ministrantenstunde. Da wurden die Dienste für die kommende Woche eingeteilt und man erfuhr, wann man bei Begräbnissen am Friedhof das Kreuz tragen durfte. Dafür gab es fünf Schillinge pro Beerdigung, die einzige Möglichkeit an Taschengeld zu kommen. Am Ende dieser Stunde mussten manchmal einige Ministranten dableiben. Sie waren verpetzt oder bei einem Streich beobachtet worden. Auch der Herr Pfarrer hatte ein großes Repertoire an Strafen. Die unwürdigste war die sogenannte „Klopfung“. Ein Klavierhocker, über den man sich zu legen hatte (ähnlich wie zu Hause), ein Rohrstock und eine noch zu vereinbarende Anzahl von Schlägen, die manchmal verhandelbar war, wenn man Besserung schwor. Einmal hatte er Glück. Im allerletzten Moment, als er schon über dem Hocker lag, wurde ihm eine Alternative angeboten. Wenn er eine Prüfung bestünde, gäbe es keine Klopfung. Sollte er versagen, würde sie nachgeholt, sagte der Herr Pfarrer. Er musste alle durch drei teilbare Zahlen unter hundert im Kopf zusammenzählen und er schaffte es. Die Summe ergibt die Jahreszahl der zweiten Wiener Türkenbelagerung. Den Eltern getraute er sich davon nichts zu erzählen, er hätte nochmals Prügel bezogen.

Nach der Volksschule besuchte er, nach bestandener Aufnahmeprüfung, die Mittelschule. Bei der Einschulung war natürlich die Mutter dabei, und das Erste nach der Vorstellung, das sie zum künftigen Klassenvorstand sagte, war: „Wenn er nicht folgt, geben Sie ihm einfach ein paar Watschen."

Das Gymnasium mochte er nicht. Er war der Außenseiter. Die Schuhe, die Strümpfe, die Jacke, der Mantel, alles, was seiner Schwester zu klein geworden war, trug er auf. Während die Klassenkameraden auf Skikurs fuhren, musste er zu Hause bleiben und in eine Parallelklasse gehen. Die Eltern sagten, für so etwas wäre für ihn kein Geld da. Da er klein und kränklich war, er hatte eine chronische Mittelohrentzündung, war er immer das Ziel der stärkeren Schüler. Er wurde geschubst und geschlagen. Er getraut aber nicht sich zu wehren, weil die Mutter gesagt hatte, wenn er raufen würde, wisse er schon, was ihn erwartet. Sie hatte ja auch den anderen Professoren gesagt, wenn er schlimm sei, sollten sie ihn nur ordentlich strafen. Und es gab damals ja noch den Karzer, in den er aber nie kam. Da er im Jahreszeugnis der dritten Klasse in Englisch einen Fünfer hatte, musste er das Gymnasium verlassen. Sitzen zu bleiben, wäre für die ganze Familie eine zu große Schande gewesen.

Die Mutter hätte dies nicht ertragen können, sagte sie. Obwohl die Eltern doch wirklich alles versucht hatten. Sie schickten ihn sogar zu einem Psychiater, der Tabletten für eine bessere Konzentration verschrieb, die aber auch nichts halfen. Er war und blieb ein Versager, das schwarze Schaf. Die Hauptschule beendete er im zweiten Klassenzug. Er wunderte sich, dass seine Mutter diese Katastrophe überlebte.

Alles in allem: als Totalversager auf allen Linien hatte er im Berufsleben wohl nicht die geringste Chance, etwas Ordentliches zu werden und es zu etwas zu bringen, davon waren alle überzeugt.

Die Jugend

Über das Arbeitsamt wurde glücklicherweise eine Lehrstelle bei einem Textilgroßhandel im ersten Bezirk gefunden. Die Mutter ging mit ihm zu der Firma vorstellen. Nachdem der Lehrherr zugesagt hatte, ihn aufzunehmen, sagte die Mutter bei der Verabschiedung, zum letzten Mal, aber sie konnte es sich nicht verkneifen: „Wenn er nicht folgt, hauen Sie ihm einfach ein paar Ohrfeigen herunter". Zu seinem Glück waren die beiden Chefs und der für ihn verantwortliche Geselle sehr fair, und die beiden älteren Lehrlinge sekkierten ihn auch nicht über Gebühr. Die drei Jahre seiner Ausbildung zum Großhandelskaufmann waren eine wichtige Zeit, denn er hörte in der Lehre nie, dass er für alles und jedes zu blöd sei. Manchmal gab es sogar Lob.

Mit seinem Mitlehrling, der ein Jahr älter war, verstand er sich ganz gut. Beide hatten einen ähnlichen Spleen. Es ging um Details, die Blicke anzogen. Der Repräsentant einer großen Tuchfabrik etwa, er kam mit seiner Kollektion einige Male im Jahr vorbei, fuhr einen roten Alfa Romeo und hatte am kleinen Finger der linken Hand einen Goldring mit einem großen Brillanten. Das fanden die beiden epochal. Da in unmittelbarer Nähe ein Juweliergeschäft war, gingen sie eines Tages während der Mittagspause nachschauen, was es in der Auslage so gab. Sie entdeckten ähnliche Ringe, allerdings deutlich dünner und mit wertlosem Zirkon, also eventuell leistbar. Und tatsächlich, als sich die beiden als Lehrlinge der Tuchgroßhandlung vorstellten, kam ihnen der Juwelier preislich so entgegen, dass sie kaufen konnten. Etwa vier Wochen später rief der Juwelier an und bot an, den Zirkon gegen einen echten Brillanten zu tauschen, dieser hätte zwar einige Einschlüsse, dafür würde der Stein mit fast dreiviertel Karat nur siebenhundert Schilling kosten. Er sagte mit Freuden zu und so hatte er mit seinen siebzehn Jahren einen Brillantring. Leisten konnte er sich das nur, weil sie, obwohl es eine Großhandlung war, öfters auch Detailkunden bedienten. Wenn es jemandem gelang, einen Stoff zu verkaufen, der länger als zwei Saisons auf Lager war, gab es pro Meter eine Prämie von fünf Schilling. Das brachte in manchen Monaten mehr als das Lehrlingsgehalt. Außerdem schenkten die Lehrherren ihren Angestellten zu Weihnachten, zu Ostern und zum Geburtstag jeweils einen Anzugstoff. Ein Schneider, zu dem er immer Stoffballen mit der Straßenbahn nach Hietzing zustellte, fertigte ihm um einen Pappenstiel daraus Maßanzüge, die sich sehen lassen konnten. Zu einem grau-grünen Sommer Kammgarn mit Esterhazy-Karomuster z. B. ein Sakko mit Schalkragen. Dazu passte sein neuer Ring ganz hervorragend.

In der Berufsschule schloss er zum ersten Mal Freundschaften. Er wurde von Mitschülern und Mitschülerinnen voll akzeptiert und war wegen seiner ruhigen und unauffälligen Art recht beliebt. Mit seinem Sitznachbarn spielte er, wer ist schneller, sich eine zwanzigstellige Zahl so zu merken, dass sie von vorne nach hinten und von hinten nach vorne aufgesagt werden konnte. Außerdem gingen sie zwei Mal in der Woche in ein Bodybuilding-Studio. So trainierte er sich innerhalb von zwei Jahren eine ganz gute Figur an und wurde ziemlich stark. So kränklich er als Kind gewesen war, so robust wurde er durch dieses harte Training.

Seit seinem sechzehnten Geburtstag hatte sich in der Familie alles geändert. Er musste nun zweihundert Schilling Kostgeld zahlen, aber sonst kümmerten sich die Eltern nicht mehr um ihn, fragten nichts. Was er tat, was er wollte, ob er fort ging, oder da blieb. Mit sechzehn sollte er sich selbst um alles kümmern. Zum Beispiel fuhr er für zwei Monate zu seinen Pflegeeltern nach Portugal und niemanden interessierte es. Es fiel niemandem auf, außer seiner kleinen Schwester, die auch noch zu Hause wohnte. Als Lehrling hatte man damals die Möglichkeit, zu den gesetzlichen vier Wochen bezahlten Urlaub, noch einmal vier Wochen unbezahlt zu nehmen und dies nahm er für seinen Besuch in Anspruch.

Während der beiden stundenlangen Umsteigpausen der dreitägigen Bahnfahrt hatte er Gelegenheit, zum ersten Mal Venedig und Marseille ein bisschen zu erkunden.

In Porto, bei seiner Pflegefamilie, freuten sich alle auf dieses unerwartete Wiedersehen. Sie waren überrascht, dass er sich so gut entwickelt hatte und einen so eleganten Eindruck machte. Als Geschenk hatte er der Pflegemutter einen silbernen Maria-Theresien-Taler und ein Kaffeehäferl mit Stephansdom und Riesenrad mitgebracht. Er bekam dasselbe Zimmer, welches er als Kind bewohnt hatte, und konnte sich auf Englisch sehr gut verständigen. Es sah alles so aus wie früher, nur den einäugigen Goldfisch im Brunnen vor dem Haus gab es nicht mehr.

Da er im August und September in Porto war, konnten sie sehr oft ans Meer fahren und im Atlantik schwimmen. Am Strand war auch ein großes Schwimmbad mit einem zehn Meter Sprungturm. Sein Pflegebruder hänselte ihn, er solle doch von ganz oben mit einem Köpfler hinunter springen, er würde sich das auf gar keinen Fall trauen. Doch er tat es, als einziger von den anwesenden Burschen. Zwar nicht sehr elegant, viele spöttelten über die nicht ganz durchgestreckten Beine, aber immerhin. Die Familie applaudierte und klopfte ihm auf die Schultern. Das war seinem Pflegebruder zu viel. Ab diesem Zeitpunkt war er extrem eifersüchtig und kritisierte alles, was er tat. Als er nach den zwei Monaten wieder die Heimreise antrat, brachte ihn die ganze Familie zum Bahnhof. Beim Einsteigen raunte ihm der Pflegebruder zu, er hätte von der Muschelsammlung seiner Schwester eine Kauri genommen und in seinem Koffer versteckt. Am nächsten Tag würde er seine Schwester darauf aufmerksam machen und ihn als undankbaren Dieb hinstellen. Da er nicht die geringste Chance hatte, sich dagegen zu wehren, war, so leid es ihm auch tat, das Kapitel Portugal abgehakt. Er konnte sich doch nicht mehr melden, denn wem würde man glauben, dem eigenen Kind oder einem Fremden? Grotesk ist, dass bei der Heimfahrt, während er im Speisewagen saß, der Koffer aufgebrochen und die Muschel gestohlen wurde.

Damals war es üblich, als Jugendlicher in eine Tanzschule zu gehen. Er hatte dort große Freude und da er ziemlich begabt war, trat er einer Walzergruppe bei, die im Fasching viele Bälle eröffnete. Zuerst mit seiner kleinen Schwester, dann mit einer Freundin. Seine Lieblingsbälle waren der Philharmonikerball und der Margaretnerbürgerball im Musikverein, und die Rudolfina Redoute, bei der alle Frauen Masken tragen mussten, in der Hofburg. Dort blieb er immer bis zum Ende.

Mit seinen Arbeitskollegen ging er manchmal in die Pritzi-Halle Tischtennis spielen. Eines Tages kam ein Mann zu ihm und sagte, er hätte „eine gute Hand" und er sollte bei Gelegenheit beim Wr. Sportklub vorbei kommen.

Tischtennis war damit zum Mittelpunkt seiner Freizeitgestaltung geworden und verdrängte das Tanzen an das Wochenende. Hauptsächlich in das Pfarrheim der kath. Jugend in Alt Ottakring, dort war fast jeden Samstag ein Musikabend mit viel Boogie. Aber auch unter der Woche war es nach der Arbeit sehr unterhaltsam, man konnte Karten oder Schach spielen und Tischtennis. Das war für ihn natürlich die Gelegenheit, zu zeigen, was er im Verein gelernt hatte und sich Anerkennung und Selbstvertrauen zu holen. An beiden hatte er noch immer Nachholbedarf.

In dieser großen Gemeinschaft gab es naturgemäß engere und nicht so enge Freundschaften. Ein nicht so enger Freund war dafür bekannt, dass er es mit der Wahrheit nicht so genau nahm und gerne angab. So behauptete er, einer seiner Onkel hätte in der Speckbachergasse mehrere Pferde stehen. Das war natürlich leicht zu überprüfen und so ging er mit seinem Busenfreund hin. Und zu beider großen Überraschung standen dort tatsächlich drei gewöhnliche Pferde und ein wunderschöner Lipizzaner. Zufällig war dessen Besitzer, ein ehemaliger Militärreitlehrer, gerade anwesend, weil er mit dem Onkel ihres Freundes darüber diskutierte, ob sie nicht einen Reitklub gründen sollten, eine entsprechende Halle und eine Koppel wären in Penzing zur Verfügung. So nebenbei wurden die beiden gefragt, ob sie nicht auch reiten lernen wollten. Auf einem ehemaligen Kohlenlagerplatz in Neuwaldegg könnten sie für 30,- Schilling pro Stunde Unterricht nehmen. Begeistert sagten sie zu und schon bald waren sie soweit, dass sie mit dem Reitlehrer in den Wienerwald Ausritte unternehmen konnten und ein wenig später auch alleine.

Einige Monate später wurde auf dem Achtundvierziger Platz tatsächlich der Reitklub gegründet, bei dem sie zu den ersten Mitgliedern zählten.

Beruflich hatte er sich mittlerweile verändert und war bei einer Versicherung angestellt, bei der er zum Sachbearbeiter ausgebildet werden sollte und der Präsenzdienst stand auch schon vor der Türe. Bei der Musterung wurde er nach seinen sportlichen Tätigkeiten gefragt und er erwähnte, dass er bei einem Verein Tischtennis spielte.

Bei der Einberufung erhielt er die Information, dass er nur während der acht Wochen Grundausbildung in Salzburg stationiert wäre, danach käme er nach Wien, zum sogenannten „Kurs für Körperausbildung", Vorgänger der Sport- und Nahkampfschule. Das war ganz toll, da es nur mehr Tischtennis und Leichtathletik gab.

Einer der Zugsführer dieser Gruppe, den er allerdings nie zu Gesicht bekam, war der damalige Weltrekordhalter im Hammerwerfen. Leider war das Paradies nach vier Monaten vorbei. Ein Kamerad hatte sich von ihm ein Unterhemd ausgeliehen und nach dem Waschen in seiner Abwesenheit auf seinen Spind gelegt. Bei der Wochenendkontrolle fiel es dem Spieß sofort auf und er zerriss daraufhin den Urlaubsschein. Sein Protest half nichts und er dürfe die Kaserne nicht verlassen. Weil er dies als ungerecht empfand, tat er es doch. Bei seiner Rückkehr am Sonntagabend erwartete ihn bereits die Wache. Mit einem Polster und einer Decke trat er seine dreitägige Ordnungshaft an und musste in der Zelle Gürtel und Schuhbänder abgeben. Tagsüber durfte er ganz normal trainieren, doch ab fünf Uhr musste er in den Bau. Es gab leider noch weiterreichende Folgen. Er musste die Sportkompanie verlassen und war gezwungen, zu seiner Stammeinheit zurück zu kehren, die mittlerweile auch nach Wien übersiedelt war. In die Schreibstube, und er war von Beförderungen ausgeschlossen. Also für immer Schütze. Nicht wirklich. Es passierte ein großes Unglück, ein Soldat erschoss sich während der Nachtwache. Abgesehen von dieser Tragödie, fiel nun ein Wust an Formularen, Berichten und Protokollen an. Da er diese Arbeiten rasch und fehlerfrei über die Bühne brachte, beförderte ihn der Kompaniechef doch noch zum Gefreiten.

Nach dem Abrüsten musste er seine Freizeit wieder aufteilen, und zwar nach diesen Prioritäten: Reiten, Tischtennis und Tanzen.

Eines Tages fragte ihn sein Busenfreund, es bestünde die Möglichkeit, über die ÖKISTA nach Frankreich und

London auf eine Sprachschule zu gehen und ob er mit käme. Da er einiges gespart hatte und ihn zu Hause nichts hielt, fuhr er mit. Die Eltern interessierte ohnehin nicht, was er machte.

Die Französischschule war in einem alten Schloss, Vieux Moulin in Rambouillet, untergebracht und hatte einen wunderschönen großen Park, in dem man herumliegen konnten und zeitweise vielleicht auch lernen, so wie er, denn vordergründig war er nicht wegen der Sprachen hier, sondern er wollte von zu Hause nur weg sein. Einige Schüler aus Deutschland waren mit dem Auto angereist und so fuhren sie mehrmals in der Woche ins nahe Paris, das sie systematisch erforschten.

Besonders genoss er die Exkursionen. Z.B. nach Chartres, wo im Dom Beethovens Neunte aufgeführt wurde, Chambord, Fontainebleau, Versailles etc. Auch die Chansons haben ihn in dieser Zeit geprägt. Piaf, Greco, Aznavour und Bécaud hörte er am liebsten.

Für die Freizeitgestaltung war es besonders vorteilhaft, dass es nur ca. 20 Schüler, aber 50 Schülerinnen gab, mit denen man sich unter anderem mit dem damals total angesagten Twist bei fast jeder Musik austoben konnte. Die beliebteste Schülerin war Sheila, eine über 40 Jahre alte Dame aus England, die mit ihrem Charme, Humor und dem Verständnis für die Jugend und deren Ausgelassenheit alle Herzen eroberte. Nur beim Twist passte sie. Über das Essen konnte man geteilter Meinung sein, doch was für alle neu war, zum Mittagessen gab es einen leichten Rotwein. In diesem Alter. Das kannte noch niemand. Wie in Wien war er auch hier sehr auf seine Garderobe bedacht. Er wusch und bügelte seine Hemden immer sehr sorgfältig. Das war einem Kollegen aufgefallen, der ihn fragte, ob er ab und zu auch für ihn ein Hemd mit bügeln würde. Da es ein sympathischer Bursch war und ihm das Bügeln nichts ausmachte, tat er es. Eines Tages erhielt dieser Besuch von seinen Eltern. Es stellte sich heraus, dass sein Vater ein Schweizer Bankier war. Der Sohn hatte ihm offenbar erzählt, wie hilfsbereit er gewesen war, und so wurde er, solange die Eltern da waren, zum Essen in Paris eingeladen. So aß er zum ersten Mal Schnecken und Coq au Vin mit Orangensoße. Mais, ne son gout pas.

London war da etwas nüchterner. Er wohnte in Hammersmith bei einem alten Ehepaar und ging täglich zu Fuß nach Kensington, um die six Pence für die Busfahrt zu sparen. Natürlich besuchten sie auch hier alle Sehenswürdigkeiten inklusive Baker Street, das Haus von Sherlock Holmes, und den Hyde Park. Dort erlebte er etwas Amüsantes: Eine Frau fragte ihn, wie sie zum Buckingham Palace käme. Als er sagte, er wisse es nicht, weil er selbst hier fremd sei, meinte sie: „Oh I'm sorry, but you are looking so local."

Seiner großen Schwester und seinem Bruder war es auch diesmal nicht aufgefallen, dass er sechs Monate weg gewesen war. Er hatte aber auch niemandem eine Ansichtskarte geschickt.

Erwachsen

Ganz anders im Reitklub. Als er dort das erste Mal wieder erschien, im Burberry und mit langem Regenschirm, es war ja schließlich leicht bewölkt, hörte er, wie ein platinblonder Vamp eine alte Freundin leise fragte: „Wer ist denn dieser arrogante Affe?", und diese beinahe aus dem Häuschen geriet: „Was, den kennst du nicht? Das ist doch der Gerhard! Unser tete Reiter, der fast alle Ausritte anführt."

Beim näheren Kennenlernen dieses Vamps stellte sich heraus, dass sie eine sehr liebe Frau war, die damals jüngste Geißlerin in Österreich, und ein Jahr später waren sie verheiratet, weil er doch nicht so ein Ekel war, wie sie anfangs gedacht hatte.

Die Hochzeit selbst war eher ungewöhnlich. Sie trafen die Trauzeugen, seinen Bruder und seinen Schwager, direkt am Standesamt. Nach der Zeremonie gingen sie beide ums Eck zum Fotografen und fuhren dann zu seinen Eltern, sie waren auf einen Nierenbraten eingeladen worden. Nach dem Essen fuhr sie in ihr Lebensmittelgeschäft und er ins Büro zur Versicherung. Am nächsten Tag versandten sie ihre Vermählungsanzeige an alle Verwandten und Bekannten.

Im Jugendheim der Pfarre erzählte er, dass er jetzt verheiratet sei. Sein Jugendkaplan fragte ihn, wann denn die kirchliche Trauung wäre. Es gibt keine, sagte er, weil seine Frau geschieden ist. Nach einer kurzen Pause verlor der Kaplan völlig seine Beherrschung. Er trat mit ei-

nem Fuß gegen ihn, verfluchte ihn und verdammte ihn
in die Hölle.

Dieses Erlebnis brachte eine signifikante Änderung in
sein Leben. Er begann, die Bibel genau zu studieren, auch
die Elberfelder Ausgabe, die auf dem Index steht, und be-
schäftigte sich die nächsten Jahre intensiv mit der Grün-
dung aller Religionen. Wie waren sie zustande gekommen,
wer waren die Initiatoren gewesen, wo waren die ältesten
Texte aufgetaucht und wer hatte wann von wem was ab-
geschrieben. In Verbindung mit den Erkenntnissen der
modernen Physik, deren Bücher er auch verschlang, gab es
nur eine Konsequenz: Er wurde ein überzeugter Atheist.

Mit den Schwiegereltern hatten sie beide kein Glück. Ihre
Eltern mochten ihn nicht, akzeptierten ihn aber, da sie
endlich den lange ersehnten Enkel bekamen. Seine ganze Familie mochte seine Frau nicht, weil sie geschieden
war, er also in permanenter Sünde lebte und die Eltern
durch seine Geschwister ohnehin schon Enkel hatten.
Nur sein Vater war freundlich zu ihr, wahrscheinlich,
weil sie so hübsch war.

Da er bei einer Versicherung schon einige Erfahrung
gesammelt hatte, bewarb er sich bei einem anderen Institut, bei dem er auch wieder im Innendienst begann.
Zu seinen Aufgaben gehörte es, den Außendienst zu betreuen und bestmöglichst zu unterstützen. In diesem
Team war ein Mann, der das Doppelte verdiente wie die
anderen. Er mochte ihn, weil er so unauffällig und bescheiden war. Also gingen sie öfter auf einen Kaffee und
manchmal auch ins Alt Wien Billard spielen. Dort er-

zählte der Vertreter von seinem Erfolgsrezept. Er sagte: „I bin ned schön, ned sehr sympathisch und i bin a Jud, aber i bin extrem fleißig, das ist das Wichtigste. Merk dir das Bürscherl." Und noch eine Weisheit hatte er auf Lager: Wenn man dir gibt, dann nimm, wenn man dir nimmt, dann schrei.

Bei dieser Versicherung bekam er erstmals Kontakt zu einem Prokuristen. Er war sprachlos über die Kompetenzen, die so eine Position mit sich brachte. Und er beschloss: Mit dreißig Jahren will er auch eine Prokura haben.

Vorerst ließ er sich in den Außendienst versetzen, weil da die Verdienstmöglichkeiten viel besser waren.

Am Anfang musste er Klinken putzen und bei Baustellen Unfallversicherungen verkaufen. Dies lernte er bei einem alten Profi, der einige nicht ganz astreine Tricks anwandte. Die Direktion hatte davon zwar Kenntnis, unterband diese Arbeitsweise aber nicht, da sich die Stornoquote in Grenzen hielt und es nur selten Beschwerden gab.

Er entdeckte, dass ihm das Verkaufen Spaß machte, weil er den Kontakt zu Menschen mochte, das Reden und die Diskussionen.

So sehr sich die beiden über ihr Kind freuten und es über alles liebten, so hatten sie doch sehr große Herausforderungen zu bewältigen. Um fünf Uhr morgens fuhr er zum Markt, frisches Obst und Gemüse kaufen, dann holte er die Schwiegermutter ab, die jetzt in der Greißlerei aushalf und fuhr mit ihr nach Döbling. Dort trug er die Kisten mit Milch ins Geschäft, richtete das Obst und Gemüse schön her und stellte an die Reichen und Schönen Gebäck und Milch in deren Wohnungen zu. Danach fuhr er nach Hause, duschte, übergab seiner Frau die Autoschlüssel und ging in den ersten Bezirk zur Arbeit. Damals wohnten sie in einer Dachmansardenwohnung mit allem Komfort.

Durch Zufall fiel ihm im Büro eine Anzeige in die Hände, in der ein Autozubehörhändler einen Assistenten der Geschäftsleitung suchte, der für den Verkauf zuständig sein sollte.

Das konnte für ihn die Chance sein, obwohl er, laut seiner Familie, ein Totalversager war, der es niemals zu etwas bringen könne. Er stellte sich vor und erhielt den Job. Als er bei der Versicherung kündigte, war der Direktor außer sich vor Wut. Er hätte ihn doch als Filialleiter aufgebaut und er sollte in drei Monaten den zehnten Bezirk übernehmen. Auf seinen Einwand, dass man ihn darüber hätte informieren sollen, bekam er die Antwort, dies sei so nicht vorgesehen.

Die neue Firma war ein Unternehmen mit fünf Filialen und hatte sechs Vertreter. Da er bei der Versicherung schon den Außendienst betreut hatte, war es kein Problem, mit dem Chef im Rücken als Verkaufsleiter aufzutreten, er musste aber intensiv daran arbeiten, sich die nötigen Fachkenntnisse rasch anzueignen. Das war kein Problem, denn einige Verkäufer freuten sich zu zeigen, wie groß ihr technisches Wissen war. Betreffend Marketing bot ihm der Firmeninhaber an, beim HFL (Hamburger Fernlehr Institut) einen entsprechenden Kurs für ihn zu buchen.

Es passte eigentlich alles ganz gut. Der Bub entwickelte sich prächtig und die Greißlerei lief auch und sie waren zufrieden.

Doch eines Tages eröffneten zwei Diskonter gleichzeitig in unmittelbarer Nähe ihre Läden. Es entbrannte ein Preiskampf, der darin gipfelte, dass ein Sackerl Zitronen um einen Groschen angeboten wurde. Plötzlich brauchten die Reichen und Schönen keine Zustellung mehr, sie gingen selbst einkaufen oder schickten die Haushälterin. Die Milch wurde im Supermarkt gekauft, aber die Einsatzflaschen wurden bei seiner Frau zurück gegeben weil sie näher war.

Viele der „guten Kunden" ließen über den ganzen Monat hindurch anschreiben und zahlten dann am Ultimo mehr oder weniger pünktlich die Rechnung. Einer prominenten Dame, die vergessen hatte zu bezahlen, mussten sie am Wochenende nach Bad Aussee nachfahren, um am Montag selbst die Milchrechnung begleichen zu können.

Unter diesen Umständen konnte das Geschäft nicht mehr gehalten werden, denn Schulden machen kam für beide nicht in Frage. Seine Frau war darüber zwar ziemlich unglücklich, andererseits aber auch ein bisschen froh, da sie mittlerweile ein zweites Kind hatten und die Belastung für sie zu groß geworden wäre.

Zu dieser Zeit wohnten sie in einem alten Mietshaus in einer Küche-Zimmer-Wohnung mit Wasser und Klo am Gang, die Mansardenwohnung war jetzt zu teuer. Aber seine Frau liebte dieses Grätzl, weil es so dörflich war. Jeder kannte jeden mit Namen, das Zuckerlgeschäft, die Papierhandlung, der Schuster, der (auch) beim offenen Fenster die Schuhe flickte, der Frisör, der Fleischhauer, das Spielwarengeschäft, der kleine Spar und so weiter.

Ein Jahr später wurde im Haus im gleichen Stockwerk eine Zimmer-Küche-Kabinett-Wohnung frei, weil die Mieterin in ein Pflegeheim zog. Da seine Frau mit der Hauseigentümerin befreundet war, konnten sie gegen eine Ablösesumme die Wohnung übernehmen. Was für ein Segen, ein Zimmer mehr und vor allem Wasser in der Wohnung und sogar wieder eine Dusche.

Die Kinder waren mittlerweile schon so groß, dass sie in den Kindergarten gehen könnten, da seine Frau, die schon lange kein Vamp mehr, jetzt nur noch naturblond war, wieder arbeiten wollte. Doch das wollten die Kinder nicht. Sie weinten, heulten und verweigerten das Essen, sodass die „Kindergartentanten" sie nicht weiter betreuen wollten. Also musste sie zu Hause bleiben. Zum Glück war dies kein finanzielles Problem, da er mittlerweile ein vernünftiges Einkommen hatte.

Beruflich ging es vorwärts. Er war nun ganz offiziell Verkaufsleiter. Ein großer Schritt zu seinem Ziel, Prokurist zu werden, war getan, dachte er.

Leider bekam die Sache bald einen Haken. Der Chef kränkelte und zog sich immer mehr auf seine Segeljacht am Neusiedler See zurück. Das Sagen hatte jetzt der Fi-

nanzbuchhalter, von allen Schnaufi genannt, weil er wegen seiner Leibesfülle nicht leise atmen konnte und noch
dazu rauchte wie ein Schlot. Die beiden verstanden einander gar nicht, weil der Buchhalter immer der Meinung gewesen war, er sei für diese Position zu jung und wäre vom
Eigentümer zu sehr protegiert worden.

Ein guter Umsatzbringer in diesem Unternehmen waren
Lackspraydosen in allen Autofarben. Die Firma war eine
von fünf Importeuren, die sich den Markt aufteilten. Er
selbst hatte schon einige große Sortimente an andere Händ-
ler verkauft und war mit diesen Produkten recht vertraut.
   Anlässlich einer Messe in Frankfurt lernte er den Er-
zeuger der Spraydosen persönlich kennen und sie kamen
im Laufe der Woche ins Gespräch. Dabei deutete der Pro-
duzent an, dass er mit den Umsätzen der Importeure
nicht zufrieden sei und er überlege, in Österreich eine
eigene Firma zu gründen. Er solle sich überlegen, ob es
in Frage käme, die Firma zu wechseln.

In Bezug auf Wohnung tat sich jetzt auch einiges. Dem
Nachbar war seine Zimmer-Küche-Wohnung zu klein,
er zog nach Mauerbach und die Nachbarin des Nach-
barn war verstorben. Somit waren plötzlich zwei Wohnungen Kategorie D unbrauchbar frei und die Hausfrau
bot sie ihm, natürlich wieder gegen eine gewisse Ablösesumme, an. Zu dieser Zeit vergab die Gemeinde Wien sogenannte Wohnungsverbesserungs-Kredite und er griff
bei beiden Wohnungen zu.
Die Wochenenden der nächsten drei Monate waren für
ihn Schwerstarbeit: Mauern durchbrechen, Eingänge zu-

mauern, Glasbausteinfenster und Türstöcke einmauern, Leitungen und Fußböden verlegen, Holzplafonds einziehen. Tapezieren und ähnliche Arbeiten machte er selbst.

Die Gasetagenheizung, Wasserinstallationen, Badezimmer mit Wanne, sowie das Gang-WC in die Wohnung integrieren war natürlich Sache der Profis. So hatten sie schlussendlich eine schöne, große Wohnung, die natürlich noch entsprechend eingerichtet werden musste, aber das konnte ja zizerlweise geschehen.

Eines Tages erhielt er einen Anruf aus der Schweiz, es war der Dosenproduzent. Er solle nach München kommen, dort könne man die weitere Vorgangsweise in Bezug auf Firmengründung in Österreich besprechen. Es wäre da ein junger Mann zur Verfügung, den er als Geschäftsführer für sehr geeignet hielt und ob er Interesse daran hätte, als Vertriebsleiter eine Mannschaft aufzubauen, mit der es möglich wäre, gesteckte Umsatz- und Ertragsziele zu erreichen. Selbstverständlich sagte er zu. Endlich eine Perspektive, von Anfang an dabei zu sein und aktiv mitgestalten zu können. Das erinnerte ihn an den Rat: Bürscherl, Fleiß, Fleiß und nochmals Fleiß.

Solange seine Eltern noch rüstig waren, traf sich die ganze Familie zum Muttertag in Straßhof, wo die große Schwester einen Garten mit Haus besaß. Alle Kinder konnten sich dort austoben und spielten stundenlang miteinander. Treffpunkt war immer elf Uhr vormittags und es wurde Kaffee und Limo getrunken. Gegen Mittag fuhren sein Vater, sein Bruder, sein Schwager und seine kleine Schwester zu einem nahegelegenen Heurigen, die Mutter bekam von der großen Schwester das Mittagessen serviert, aber er musste mit seiner Familie, wenn sie essen wollten, in ein Gasthaus fahren.

Er fand das ausgesprochen brüskierend und demütigend, aber seine Frau überredete ihn, gute Miene zu diesem perfiden Spiel zu machen, weil es ja doch seine Familie sei und für sie war Familie heilig.

Als der Vater starb, verfiel die Mutter ziemlich rasch. Sie wurde dement, wusch das Klopapier, schälte Zwiebeln und warf sie weg, dafür kochte sie die Schalen. So war es unausweichlich, dass sie in einer Geriatrie untergebracht werden musste. Er besuchte sie dort nur widerwillig, da er wegen seiner Kindheit kein Mitleid mit ihr hatte, doch seine Frau bestand darauf, weil es sich einfach gehörte. Die Mutter erkannte niemanden mehr. Nicht die Kinder, nicht die Enkel, nicht die Schwiegerkinder, mit einer Ausnahme. Seine Frau sprach sie mit Namen an. Das war so absurd, denn sie hatte immer offen gezeigt, dass sie sie nicht mochte.

Die Firmengründung war ein echtes Abenteuer. Es wurde ein kleines Büro gemietet, an das ein Lagerraum anschloss, in dem früher Blumen gelagert waren. Es gab eine Sekretärin, den Geschäftsführer, nur zwei Jahre älter als er, und ihn. Da den Importeuren die Verträge aufgekündigt wurden, musste rasch Ware angeliefert werden.

Es gab noch keine Regale und so wurden die Kartons, nach Artikelnummern sortiert, am Boden gestapelt. Die meist telefonischen Bestellungen wurden wegen der schwachen Beleuchtung mit Hilfe von Taschenlampen kommissioniert und zweimal täglich zur Post gebracht. Zwischendurch wurden gebrauchten Regale, die zu einem Schnäppchenpreis erworben worden waren, aufgebaut und die Ware vernünftig eingeräumt. Diese Arbeiten schweißten ihn und seinen Chef so zusammen, dass fast so etwas wie Freundschaft entstand. Jedenfalls großes Vertrauen zueinander und die Gewissheit der hundertprozentigen Verlässlichkeit aufeinander.

Das Geschäft lief ausgezeichnet und so wurden bald ein Lagerarbeiter und ein Fahrer eingestellt, damit sich jetzt alle auf ihre eigentlichen Aufgaben konzentrieren konnten. Für die Kundenbetreuung wurden fünf Vertreter aufgenommen, die den Farbenfachhandel, Autozubehörgeschäfte und Tankstellen betreuten.

Von den Firmen mit Tiefkühlkost haben sie den Fahrverkauf abgekupfert. Es wurden zwei LKWs mit Stellagen und dem Standardsortiment eingerichtet. Dazu die Topseller in größeren Mengen. Die Autos fuhren durch ganz Österreich und so konnten alle Großkunden prompt bedient werden. Dieses System war so erfolgreich, dass gemäß Weisung aus der Schweizer Zentrale alle Tochtergesellschaften das System übernehmen mussten.

Freunde hatten sie sich dadurch in den umsatzstärksten Ländern Deutschland und Frankreich allerdings nicht gemacht. Das kleine unbedeutende Österreich, noch dazu erst vor zwei Jahren gegründet, war plötzlich das große Vorbild, dem alle nacheifern sollten. Lächerlich.

Dieser Erfolg und die Tatsache, dass er persönlich alle großen Supermarktketten als Kunden gewinnen konnte, hatte zur Folge, dass sein großes Berufsziel erreicht war. Er erhielt die Prokura, (allerdings zwei Jahre später als gewünscht) und als Firmenauto, statt eines Ford Taunus, einen Volvo.

Für Österreich-Urlaube hatten sie eine tolle Destination entdeckt: Ellmau in Tirol. Wunderschön, idyllisch mit der kleinen Kirche samt Friedhof, den typischen Tiroler Häusern mit Lüftlmalereien und vor allem mit dem imposanten Wilden Kaiser. Beim ersten Skiurlaub nahm die gesamte Familie natürlich an Kursen teil, was insofern einen Riesen-Vorteil hatte, da wegen der WM die Energieferien diesmal zwei Wochen dauerten und in vierzehn Tagen mit Lehrern konnte man wirklich Skifahren lernen. Ab 1974 war Ellmau nun ein Fixpunkt für die Winterferien. Seine Frau und er beschlossen, hier ihr Alter zu verbringen.

Einmal fuhren sie auch im Sommer hin. Das Kaisergebirge war wunderbar zum Wandern. Unter dem blauen Himmel kreisten die Drachenflieger und vermittelten den Eindruck absoluter Freiheit. Folgerichtig meldete er sich bei der Flugschule an, die nur einige Kilometer entfernt war. Es gab eine Stunde Theorie und dann ging es schon an die Praxis. Beim vierten Start von einem kleinen Hügel rutschte er bei einem Grasbüschel aus, das Gerät verdrehte sich und das Trapez brach ihm den Knöchel.

Sommerurlaube in den Bergen schienen verhext zu sein. Vier Jahre später, beim Skifahren auf dem Kitzsteinhorn, stürzte seine Frau, brach sich das Bein und musste eine Stunde im Schnee liegend warten, bis sie von der Bergrettung in einem Akja zu Tal gebracht wurde.

Eine sehr gut Bekannte geriet mit ihrem Vater in Streit, weil dieser ein Häuschen im Weinviertel verkaufen wollte, das nicht ihm, sondern ihr gehörte. Der Streit eskalierte und aus reinem Trotz bot sie es ihm zu einem Spottpreis an.

Da er nicht interessiert war, fragte er sie, ob sein Schwiegervater das Haus auch kaufen dürfe, es wäre immer schon sein Traum gewesen. Die Bekannte stimmte zu und alle wussten, wo künftig die Wochenenden verbracht würden. Das Haus war nett, einige Arbeiten waren ganz offensichtlich zu tun, es war zwar kein Garten dabei, es gefiel trotzdem allen. Außerdem war das Dorf quasi eine Sackgasse und daher praktisch verkehrsfrei. Für die Kinder war es speziell in den Sommerferien ein Paradies, da es ein Dutzend Gleichaltrige gab, mit denen sie den ganzen Tag verbrachten. Sie kamen nur mehr zum Essen und Schlafen nach Hause.

Die Wohnung war mittlerweile auch sehr schön eingerichtet, der ältere Sohn hatte sich für eine Lehre zum Installateur entschieden, der jüngere wollte unbedingt die Matura machen. Seine Frau half in der Firma mit, wenn Aussendungen an Kunden vorzubereiten waren, und in Wien wurde sie auch als Regalbetreuerin eingesetzt.

Jeden Monat einmal machte sie mit ihren Freundinnen einen „Mädelsabend", der aber nie bei ihnen stattfand, sondern in irgendwelchen Lokalen.

Eines Tages kam sie ganz entsetzt nach Hause. „Stell dir vor“, sagte sie, „der Mann von der Margot will, dass sie ins Nachtgeschäft einsteigt und sie scheint gar nichts dagegen zu haben“. „Wahrscheinlich verdient man damit viel Geld“, meinte er. Und das stimmte auch. Plötzlich hatten Margot und ihr Mann in der Nähe von Tulln ein Haus und zwei Pferde. Seine Frau und er waren oft eingeladen und sie verbrachte viele Wochenenden mit ihren Kindern dort. Und nach vielen Jahren: endlich wieder reiten.

Dann passierte etwas, was nie hätte passieren dürfen. Margot wurde schwanger, wahrscheinlich von einem Freier. Ab diesem Zeitpunkt wurde sie von ihrem Mann wie eine Aussätzige behandelt und sie brachte die Schwangerschaft mehr schlecht als recht hinter sich.

Sie wohnte inzwischen bei einer Berufskollegin, die sich leidlich um sie kümmerte. Nachdem sie entbunden worden war und das Spital verlassen konnte, stand sie plötzlich mit dem Neugeborenen vor seiner Wohnungstüre. „Könnt ihr bitte einige Stunden auf das Baby aufpassen“, fragte sie seine Frau, sie hätte etwas Dringendes zu erledigen. Nach einer Woche meldete sie sich endlich und sagte, ihr Mann würde sie erschlagen, wenn sie mit dem Kind nach Hause käme, sie sollten bitte noch einige Zeit auf das Baby aufpassen.

Es wurde ein Gitterbett organisiert und alles, was man für die Pflege eines Neugeborenen halt so braucht. Schließlich war das für sie ja nichts Neues. Den Buben machte das gar nichts aus. Sie freuten sich, weil das Kind so süß und freundlich war und viel lachte. Doch langsam musste eine Entscheidung fallen, Dauerzustand war das keiner. Seine Frau setzte sich mit der Kinderfürsorge in Verbindung und sie beriet mit der Betreuerin, die regelmäßig in die Wohnung kam und alles überprüfte, was man tun kann und tun muss. Heraus kamen zwei Möglichkeiten: entweder zurückgeben oder adoptieren. Er war dafür, das Kind zurückzugeben, alle anderen nicht. Wenn du der Adoption nicht zustimmst, sagte der ältere Sohn, fünfzehn Jahre alt, rede ich nie wieder ein Wort mit dir. Also, er hatte keine Wahl. Ab sofort waren sie zu fünft. Die leibliche Mutter hatte mit Freuden und ohne zu zögern alle Dokumente unterschrieben.

Die Firma wuchs rasant. Offenbar hatten sie das richtige Produkt zur richtigen Zeit (und natürlich die richtigen Mitarbeiter und die richtige Strategie). Das Lager und das Büro waren zu klein geworden und es musste dringend ein größeres Objekt gefunden werden.

Da hatte der Geschäftsführer eine, für sich selbst, grandiose Idee. Er bot dem Big Boss in der Schweiz an, selbst ein Bürogebäude mit Lagerhalle zu bauen, wenn er einen Mietvertrag auf mindestens fünfzehn Jahre bekäme.

Dies war gar kein Problem und es wurde sofort mit der Umsetzung des Vorhabens begonnen. Ab diesem Zeitpunkt aber begann sich der Charakter des Geschäftsführers zu verändern. Das Amikale verschwand, er band die Mitarbeiter immer weniger in Entscheidungen mit ein und man musste an seiner Bürotüre anklopfen, bevor man eintreten durfte. Auch er.

Die Gewinne sprudelten, man sah sich nach Investitionsmöglichkeiten um und fand sie auch. Eine Email- und Glasurproduktion, die von einer alten Dame ohne

Nachkommen geführt wurde, stand zum Verkauf. Relativ rasch wurde man handelseins und da in der Fabrik genügend Platz war, übersiedelte die ganze Lackspray-Firma in dieses Werk. Auch für dieses Unternehmen erhielt er die Prokura und übernahm zu seinen bisherigen Agenden die Verantwortung für den weltweiten Export, denn zum Kundenkreis gehörten Emailstudios und Keramiker auf allen Kontinenten.

Er verbrachte jetzt viel Zeit im Labor und in der Produktion, denn ohne fundiertes Fachwissen war eine seriöse Kundenbetreuung in dieser Branche nicht möglich. Die Arbeitswoche betrug um die sechzig Stunden, und seine Frau war damit gar nicht glücklich. Aber sie fanden eine Kompromisslösung. Solange der Kleine, Christian, nicht zur Schule ging, nahm er beide auf viele Dienstreisen mit, die nicht mit dem Flugzeug erfolgen mussten. Die Großen, Gerhard und Thomas, wurden derweil von ihrer geliebten Mama Omi verwöhnt. So lernte seine Frau unter anderem Mailand, Turin, Budapest, Prag, Vaduz usw. kennen. Zum Drüberstreuen gab es noch eine exklusive Schmuckgarnitur als Trost. Besonders liebte sie, wenn sie im Winter nicht durch den Arlbergtunnel, sondern über den Pass fuhren, denn wenn die Sonne schien und sie im Freien auf einer Bank saßen, hinter ihnen fünf oder sechs Meter hohe Schneewände, das gefiel ihr.

Eines Tages, er ging vom Friedhof heimwärts, wo er das Grab der Schwiegereltern pflegte, traf er zufällig die Frau seines um neun Jahre älteren Bruders, die ihn fragte, warum er nie zum Familientreffen zu Weihnachten käme.

Er war ganz erstaunt und wollte wissen, wann und wo
das Treffen stattfindet. Die Schwägerin darauf: „Seit dem
Tod eurer Eltern, jedes Jahr bei deiner großen Schwester". Er war etwas pikiert und nahm sich vor, bei nächs-
ter Gelegenheit nachzufragen. Diese bot sich bald, da er
Geburtstag hatte und seine Schwester ihm telefonisch
gratulierte. Als sie ihn fragte, wie es ihm ginge, stellte er eine Gegenfrage: „Wieso fragst du, es interessiert
dich doch ohnehin nicht". Ganz empört fragte sie, was
er sich eigentlich erlaube. Als er ihr von der Begegnung
mit der Schwägerin erzählte, war sie plötzlich verlegen
und kleinlaut. „Unsere Wohnung ist ja nicht so groß,
dass alle kommen können", sagte sie. Auf seinen Vor-
halt, sie könnten sich ja in einem Restaurant sehen und
sie müssten auch nicht für seine Konsumation aufkom-
men, weil er es sich leisten kann, selbst zu bezahlen,
hatte sie kein wirkliches Argument. Somit war der Zug
in Richtung seiner Geschwister abgefahren. Aber es
war ohnehin eine holprige Beziehung gewesen. Bei seiner großen Schwester war er bei einem Muttertagstref-
fen in Straßhof ins Fettnäpfchen getreten, als er deren
Tochter ihr wahres Alter verraten hatte, er konnte doch
nicht wissen, dass sie sich um fünf Jahre jünger gemacht
hatte und mit der kleinen Schwester hatte er eine Dis-
kussion gehabt, weil sie seinem Sohn zu Weihnachten
eine Aktie geschenkt hatte. Über so ein Präsent von seiner Taufpatin muss sich ein kleines Kind doch freuen.
Oder? Zu seinen Geburtstagen hatte sie ihm nie etwas
geschenkt. Seine Geschwister waren ohnehin ganz anders als er. Für sie war es wichtig, Vermögen zu bilden.
Aktien, Anlagen, Immobilien und sparen. Daran hatte

er kein Interesse. Er verdiente gut, wollte das aber mit seiner Familie genießen. Natürlich gab es einen entsprechenden Notgroschen, aber darüber hinaus wollte er, dass sie sich etwas gönnen.

Die Geschäfte mit den Lacksprays liefen, dank des eingespielten und sehr guten Teams, fast von selbst und so konnte er sich hauptsächlich um das Email und die Glasuren kümmern. Es war nicht einfach, weil die ausländische Konkurrenz sehr groß war, aber mit dem größten Kachelofenhersteller Österreichs hatten sie einen wichtigen Kunden, der auch als Referenz für die Glasuren enorm viel wert war.

Das Email war dagegen von der Quantität her eher bescheiden, dafür hochpreisig, da hauptsächlich Schmuck, Orden und Abzeichen das Anwendungsgebiet waren. Aber wenn man sagen kann, das Ferrari-Emblem wird mit unserem Email gefertigt, ist das auch nicht übel. Hauptsächlich betreute er die Kunden in Skandinavien, Tschechien und Ungarn, wegen der vielen Orden, Frankreich, England und Spanien. Jetzt hatte er den enormen Vorteil, dass er, durch seinen Auslandsaufenthalt in der Jugend noch immer Englisch und auch noch leidlich Französisch sprach. Da sie das gesamte Personal übernommen hatten, stand ihm auch eine Sekretärin zur Verfügung, die beide Sprachen beherrschte, deutlich besser als er selbst, was natürlich kein Nachteil war.

Zweimal im Jahr machte er in diese Länder sein sogenanntes Reislein, das vierzehn Tage dauerte und er es so einrichtete, dass er die Wochenenden immer in einer anderen Hauptstadt verbrachte, um viel zu sehen und kennenzulernen. Worüber er sehr enttäuscht war, obwohl er mit seinen Kunden in ganz Schweden und Finnland sehr viel in den nördlichen Breiten unterwegs war, einen Elch hat er nie gesehen.

Auch die Kunden in London besuchten mit ihm die Verarbeitungsbetriebe, das englische Porzellan hatte ja Weltruf. Der wichtigste Kunde holte ihn einmal mit seiner Honda Gold Wing vom Flughafen ab und seine Frau fuhr im Jaguar mit seinem Koffer hinterher. Also reinster englischer Snobismus, der ihm sehr gefiel.

Der Umgang mit dem Chef wurde immer schwieriger und mündete manchmal in persönlichen Beleidigungen. Er konnte ihm nichts mehr recht machen und der Geschäftsführer verlor manchmal derart die Beherrschung, dass er weiß wie eine Wand wurde und er so schrie, dass ihm der Speichel aus dem Mund lief. Das reichte ihm. Er studierte die Stellenangebote und fand eine Anzeige, mittels der ein Vertriebsleiter für ein technisches Unternehmen gesucht wurde, welches sich mit Tür-, Tor- und Einfahrtsautomatisierung befasste.

Er stellte sich vor und erhielt die Zusage einer Einstellung, wenn er innerhalb von drei Monaten zur Verfügung stünde.

Von einigen Kunden in Skandinavien und Spanien verabschiedete er sich schriftlich und dankte für die hervorragende Zusammenarbeit. Darauf erhielt er vier bitterböse Briefe nach Hause. Ausgerechnet jetzt, wo die größten Probleme bereinigt seien und die Kommunikation gut laufe, aber er wisse wahrscheinlich schon, was er tue. Diese Briefe fasste er als großes Kompliment auf, denn anderenfalls wäre man ja froh gewesen, ihn los zu sein.

Tags darauf kündigte er, worauf der Geschäftsführer den erwarteten Tobsuchtanfall bekam. Eine Stunde später kam er angekrochen, entschuldigte sich und beschwor die alten Zeiten. Wie toll sie gemeinsam alles aufgebaut hatten, wie gut sie sich verstanden hatten und wie erfolgreich sie gemeinsam doch waren.

Doch er blieb dabei und sagte bei der anderen Firma zu. Später erfuhr er von seiner Ex-Sekretärin, der Chef habe sich der Schweiz gegenüber gebrüstet, er hätte dem Unternehmen die Zahlung einer Abfertigung für fünfundzwanzig Jahre Firmenzugehörigkeit erspart, weil er ihn hinausgeekelt hatte.

Das Verkaufsteam in der neuen Firma bestand ausschließlich aus Ingenieuren, die ihm ziemlich skeptisch entgegen kamen. Bei der ersten Verkaufskonferenz betonte er sein technisches Nichtwissen, bestand aber darauf, als Verkaufsprofi akzeptiert zu werden, weil dies sein Fachgebiet ist in dem er gut sei, und so hatte er die Stimmung neutralisiert. Für diese Taktik gab es anerkennende Worte vom Firmeninhaber.

Er analysierte den Markt, überprüfte Kundenkarteien und Verkaufsunterlagen, besprach mit dem Chef die Kapazitäten und erstellte daraus ein Marketingkonzept. So etwas hatte es bis dahin noch nie gegeben. Sogar die

Buchhalterin, die Exfrau des Chefs und daher eine mächtige Person in der Firma, war beeindruckt.

Er reiste viel mit den Vertretern im ganzen Bundesgebiet und so lernten sie voneinander und einander kennen.

Die nächste Verkaufskonferenz verlief sehr konstruktiv, die Vertreter nahmen die Vorschläge über Aktionen, Werbeaktivitäten, Tourenpläne und das neue Berichtswesen positiv auf. Auch der Chef zeigte sich über die Neueinführungen beeindruckt.

Überraschenderweise bestellte er ihn für den nächsten Tag, mit Pass, zum General Aviation in Schwechat.

Er solle pünktlich um acht Uhr dort sein. Er staunte nicht schlecht, als er sah, der Boss hatte ein eigenes Flugzeug, eine Piper Seneca 2.

Er saß direkt neben dem Piloten. Das Fluggefühl war unbeschreiblich. Aus tausenden Meter Höhe hinunterzuschauen, auf Augenhöhe mit manchen Wolken, der Blick auf die schneebedeckten Alpen und dann der Flug über den Chiemsee. Er war überwältigt. Sein Chef war überrascht, dass er den Flug so genoss, denn der Serviceleiter, der auch ab und zu mit ihm flog, hatte große Höhenangst und saß immer ganz verkrampft neben ihm.

Die Umsätze entwickelten sich erwartungsgemäß und es wurden alle Budgetziele erreicht. Er hatte jetzt ein Firmenauto mit Autotelefon und konnte so nach Kundenbesuchen, unmittelbar Offerte, Konditionen und andere wichtige Korrespondenz an seine Sekretärin weitergeben. Apropos Sekretärin, sie war eine bezaubernde, gepflegte, für ihn ältere, Dame, die ihm zum Geburtstag ein Bändchen mit Gedichten von Rainer Maria Rilke geschenkt hatte. Mit dem Begleitsatz und einem Schmunzeln: „Sie sind zwar ein furchtbarer Mann, aber die Briefe, die Sie diktieren, haben Stil."

Die nächsten beiden Jahre verliefen ebenso ruhig wie erfolgreich. Wenn er auf eine Messe nach Hannover oder Bologna musste, der Chef aber nicht da war, flog ihn der Fluglehrer hin, wartete, bis er alles erledigt hatte und brachte ihn dann wieder nach Hause.

Die beiden großen Söhne hatten mittlerweile geheiratet und er feierte mit seiner Frau den fünfundzwanzigsten Hochzeitstag. Und wie, weil sie beide für jeden Schabernack zu haben waren, beschlossen sie, dasselbe zu tun wie damals, am Tag vor ihrer Hochzeit. Sie gingen zu McDonald's auf einen Burger und danach in dasselbe Hotel, in dem sie sich zum ersten Mal geliebt und die ganze Nacht verbracht hatten. So auch diesmal.

Sie waren schon lange nicht mehr ineinander verliebt. Es war die große Liebe geworden, innig und bedingungslos. Sie waren Eins. Der ehemalige Vamp und der junge Hüpfer, der auf Snob gemacht hatte.

Es war erstaunlich, aber sie mussten oft gar nicht miteinander sprechen. Einer wusste, was der andere dachte, und sie mussten immer lachen, wenn der eine etwas sagte, das der andere auch gerade sagen wollte. Heute kommen noch zwei Verliebte zusammen, sagte seine Frau dann immer.

In dieser Zeit unternahmen sie auch ihre großen Reisen. Sizilien, Kreta Rhodos und eine Mittelmeerkreuzfahrt.

Zwar begann bei seiner Frau das Heimweh schon dreihundert Meter nach dem Haustor, aber schlussendlich genoss sie diese Urlaube doch.

Und dann erhielt er einen unerwarteten Anruf.

Seine Ex-Sekretärin bei der Glasurfabrik erzählte ihm, dass der Geschäftsführer von der Schweizer Zentrale fristlos entlassen worden war. Allerdings schon vor einem Jahr. Es wurde ihm zur Last gelegt, dass er teure Spezialisten in seiner Villa und in seinem Garten arbeiten ließ. Sie mussten während ihrer regulären Arbeitszeit Rasen mähen, Zäune ausbessern, das Haus ausmalen, etc. Die Sekretärin vermutete, dass die Meldung vom Betriebsleiter gekommen war, weil er durch die fehlenden Arbeitskräfte, die nicht ersetzbar waren, wichtige Aufträge nicht termingerecht produzieren konnte. Der Vertrieb der Lacksprays wurde wieder nach Deutschland verlegt, das Equipment der Email und Glasurproduktion nach Indien verkauft und die Firma liquidiert. Aber das war noch lange nicht alles. Nach seinem Hinausschmiss hatte der Geschäftsführer die älteste Emailschmuck-Manufaktur Wiens gekauft und wollte damit neu durchstarten. Im Zuge eines seiner immer häufiger werdenden Tobsuchtsanfälle fiel er bei einem Streit plötzlich um und war tot.

Der Grund für den Anruf seiner Ex-Mitarbeiterin war erstens diese Geschichte, aber auch, dass die Witwe sie gebeten hatte, mit ihm Kontakt aufzunehmen, damit er zum Begräbnis kommt.

Seine Frau riet ihm dringend davon ab, hinzugehen, aber er meinte, dass sie zwanzig Jahre hervorragend zu-

sammengearbeitet hätten und er es ihm zu verdanken
hätte, dass er in ein Gehaltsniveau vorgerückt sei, das
so nicht zu erwarten gewesen wäre.

Beim Begräbnis erkannte er, dass seine Frau wie so oft
das richtige Gespür gehabt hatte. Vor dem offenen Grab
beschwor ihn die Witwe, im Gedenken an die guten Zeiten nicht nachtragend zu sein. Ihr Mann hätte es unendlich bedauert, im Streit alles zerstört zu haben, und er sei
so unglücklich gewesen, dass er nichts mehr rückgängig
machen konnte. Sie umarmte ihn und bat ihn, sie nicht
im Stich zu lassen, denn sie als schwache Frau könne die
Firma nicht weiterführen. Er solle als Geschäftsführer
das Unternehmen leiten und an seiner Seite würde seine
ehemalige Kollegin für Buchhaltung und Finanzen ver-
antwortlich sein. Dies war der Ausschlag dafür, dass er
doch zusagte.

Seine Frau meinte, es wäre ein Fehler und sie hatte recht.

Der Inhaber der Technikfirma war über die Kündigung
zwar enttäuscht, hatte aber volles Verständnis dafür,
dass er zu der angebotenen Position mit dem Gehalt nicht
nein sagen konnte. Er schmiss sogar eine Abschiedspar-
ty mit Sekt und Brötchen.

Durch seine Arbeit bei der Glasurfabrik war er natürlich auch sehr Email-affin. Die Artikel gefielen ihm,
der Schmuck und die Ziergegenstände waren von ho-
her Qualität. Die Produktion allerdings war sehr auf-
wändig. Das Metall musste in Säure gebeizt, vorgeglüht,

geschliffen und grundiert werden, danach begann erst die Emaillierarbeit mit dem anschließenden Dekor und der abschießenden Politur. Es gab keinen Außendienststab, nur eine Mitarbeiterin, die neben der Endfertigung in der Produktion, die Wiener Hotels und Souvenirgeschäfte betreute.

Der Export war etwas kompliziert. Es gab von der Wirtschaftskammer sogenannte Delegiertentage, für die er sich anmelden konnte und dann mit den Handelsdelegierten der außereuropäischen Länder mögliche Aktionen besprach und auch Treffen arrangiert werden konnten.

In den Souvenier-Shops der Top-Hotels in Wien und in den Fremdenverkehrszentren wie z. B. Bad Gastein waren die teuren Teller mit Transparentemail sehr beliebt. Sie waren aus Kupfer statt Eisen und speziell die roten Farben enthielten sehr viel Gold. In Salzburg waren natürlich Mozartmotive am beliebtesten. Aber es war kein leichtes Geschäft. Konkurrenzprodukte aus Kunststoff, mit Abziehbildern verziert, waren manchmal auf den ersten Blick und ohne sie anzugreifen, von der teuren Qualitätsware kaum zu unterscheiden.

Der Firmenstandort war etwas ungewöhnlich. Eine Manufaktur mit Brennöfen, Säurebädern und komplizierten Entlüftungsanlagen am Bauernmarkt?

Ihm gefiel es. Jedoch waren manche behördlichen Auflagen nur mit einem großen finanziellen Aufwand zu erfüllen.

Er traf sich öfter nach der Arbeit mit seiner Frau im Bermudadreieck, dann schlenderten sie entweder den Fleischmarkt hinauf zum Griechenbeisl oder die Rotenturmstraße zum Graben, es war nett.

Besonders gerne fuhr er nach Südtirol, dort waren umsatzstarke, angenehme Kunden, die besonders die transparent emaillierten Pendeluhren kauften. Bozen, Meran, Wolkenstein, Kastelruth, aber auch Cortina und Alta Badia. Hier waren auch die Kunden, für die extra Hochzeitsarrangements produziert wurden.

Leider stellte sich heraus, dass handgefertigte Emailprodukte ein Auslaufmodell waren. Die Sachen gaben optisch nicht das her, was der Preis der Rohstoffe und der Fertigung forderte. Ein weiterer Nachteil war, wenn man damit irgendwo anstieß, splitterte das Email ab und hinterließ einen unansehnlichen Makel. Den hatte man immer vor Augen, denn, weil das Ding nicht kaputt in dem Sinn war, warf man es nicht weg, sondern hob es auf.

Die arme, schwache Frau, wie sie sich beim Begräbnis ihres Mannes bezeichnete, war doch recht vife. Weil die Erträge hinter ihren Erwartungen lagen, übergab sie einem, ihr bekannten, Steuerberater alle Firmenunterlagen. Dieser stellte fest, dass in absehbarer Zeit einige langjährige Mitarbeiter, unter ihnen auch die ehemaligen Eigentümer, in Pension gehen würden und Hunderttausende an Abfertigung zu bezahlen wären.

Leider seien aber die dafür gesetzlichen festgelegten Rücklagen nicht getätigt worden. Sie müsste zuschießen. Es gäbe aber einen Ausweg, die Insolvenz. Also wurden alle Zahlungen an Körperschaften eingestellt und so der Konkurs provoziert.

Zu seinem Fünfziger saß er ganz alleine in der Firma, weil er als Geschäftsführer eine Anwesenheitspflicht bis zum Ende des Verfahrens hatte, aber selbstverständlich ohne Bezahlung. Die Mitarbeiter hingegen waren beim Insolvenzausfallsfonds angemeldet, dienstfrei gestellt worden und erhielten alle finanziellen Forderungen abgegolten.

Hätte er nur auf seine Frau gehört. Es war eine bittere Erfahrung. Aber Jammern war nicht seine Art, half und änderte außerdem nicht das Geringste.

Er war jetzt das erste Mal überhaupt, ungewollt und unvorbereitet auf Jobsuche. Offiziell endete das Dienstverhältnis mit 31.3. Aber er hatte großes Glück. Ein internationales Schweißtechnikunternehmen mit Sitz in der Schweiz (wieder einmal) suchte für seine in Wien ansässige Tochter einen Vertriebsleiter.

Er stellte sich vor, bekam den Job und konnte am 1.4. den Dienst antreten. Diesmal war eine Frau der Boss, eine Rothaarige von beeindruckender Erscheinung. Sie hatte sich wohl durch das Zeugnis der Automatisierungsfirma überzeugen lassen.

Auch hier waren fünf Techniker zu führen, die sehr gut schweißen konnten, aber kaufmännisch am Nullpunkt waren. Zur Einführung bekam er einen Intensivschweißkurs in der deutschen Niederlassung, da er zwei große Kunden, die ausschließlich speziell zugelassene Schweißmittel verwendeten, selbst betreuen musste.

Als er zurückkam, übergab man ihm sein Firmenauto. Es war ein Audi mit einem niedrigen, vierstelligen Kennzeichen von einem ehemaligen Vorstandsmitglied.

Davon konnte man zwar nicht abbeißen, war aber auch nicht schlecht.

Die Verkaufsmannschaft stellte sich als ungeordneter Sauhaufen heraus, der die Chefin hinten und vorne belog.

Er führte Tagesberichte, Kundenbesuchsberichte, Tourenpläne und Fahrtenbücher ein. Es gab zwar ein großes Murren, er hatte aber die absolute Rückendeckung der Geschäftsleitung und so krempelte er um. Ein Vertreter, der besonders aufmüpfig war, erregte durch einige Bemerkungen zu Kollegen seinen Verdacht.

Er wartete ab sieben Uhr morgens vor dessen Wohnung und fuhr dann den ganzen Tag hinterher. So ein dreistes Verhalten hatte er doch nicht erwartet.

Der Mitarbeiter verließ, in Begleitung seiner Frau, gegen neun Uhr das Haus, brachte seine Frau zur Arbeit und ging dann in das Lokal einer politischen Partei. Dort verbrachte er über zwei Stunden und ging danach in einen Supermarkt einkaufen. Er hatte genug gesehen und brach die Observation ab. Am nächsten Morgen verlangte er von dem Vertreter, den er ins Büro bestellt hatte, den Tagesbericht. Den Aufzeichnungen zufolge war er bereits um sieben Uhr beim ersten Kunden, arbeitete bis neunzehn Uhr durch und hatte sechs Firmen besucht. Er war 96 Kilometer gefahren und verrechnete das volle Tagegeld. Mit den Fakten konfrontiert, begann er sich zu winden und behauptete am Ende, er hätte die Tage verwechselt. Die Geschäftsführerin war erbost und traurig zugleich, weil sie gerade von diesem Mitarbeiter hintergangen worden war. Sie stellte ihn vor die Wahl: Er kündigt sofort oder er wird fristlos entlassen und wegen Betrugs angezeigt. Er schrieb noch im Büro der Chefin die

Kündigung. Die anderen Verkäufer hatten natürlich alles mitbekommen und waren plötzlich lammfromm. Selbst als er verlangte, dass täglich mindestens zehn Betriebe besucht werden müssten, gab es keinen Widerspruch, weil alle wussten, dass dies realistisch ist. Aber Freunde würden sie niemals werden.

Die Schweißtechnik selbst faszinierte ihn. Durch die vier Jahre in der Glasurfabrik und die Emailschmuck-Erzeugung, mochte er Glut und Hitze, das passte gut zum Schweißen. Wie die Zugfestigkeit der Stähle gemessen wurde, die Auftragsschweißungen, Kehlnahtschweißungen, Lunkerschweißungen und Verbindungsschweißungen, alles Fachausdrücke, die jetzt zu seiner Alltagssprache gehörten.

Das Geschäft war krisenfest, da sie eine spezielle Marktnische abdeckten. Echte Zusatzumsätze konnten nur über den Verkauf von Ausrüstung und Geräten erreicht werden.

Das Jahr plätscherte ohne Höhe- oder Tiefpunkte dahin, bis er eines Tages in die Schweiz beordert wurde. Er hatte gemischte Gefühle, weil er keine Ahnung hatte, worum es gehen könnte.

Der Grund machte ihn fassungslos. Den Schweizern war es ein Dorn im Auge, dass in Wien eine Frau die Geschäfte führte. Er solle alles sammeln, was gegen sie spricht, Fehler von ihr notieren und laufend in die Schweiz rapportieren (so sagt man dort) und nach genügend Beweisen, die eine Kündigung rechtfertigten, selbst die Geschäftsleitung übernehmen. Er versuchte, es so diplomatisch wie möglich zu formulieren, aber er lehnte natürlich ab. In Wien zurück kündigte er sofort, versprach aber, sich auch während der Kündigungszeit wie bisher voll einzusetzen. Die Chefin wurde richtig böse, wie undankbar er doch sei, wie sehr sie ihn unterstützt hätte, ihm immer den Rücken gestärkt habe und jetzt dies. Sie sei furchtbar enttäuscht und sie könne nie wieder einem Mann vertrauen. Aus ihrer Sicht hatte sie absolut recht. Doch er konnte und wollte den wahren Kündigungsgrund nicht nennen, denn der hätte sie wahrscheinlich extrem gekränkt und vor allem die Atmosphäre zur Zentrale vergiftet. Er solle sein Büro sofort räumen, sie wolle ihn nie wiedersehen. Das war Wasser auf die Mühlen der Vertreter, die ihre Schadenfreude nicht verbergen konnten.

Und wieder einmal kam ein überraschender Anruf.

Der Inhaber einer Lackfabrik bat ihn, so rasch wie möglich zu einem Gespräch zu kommen. Dieser kannte ihn, weil er ihn vor Jahren dazu brachte, Spraydosen mit seinem Logo als Eigenmarke ins Programm aufzunehmen.

Die deutsche Zentrale des Lacksprayproduzenten sei an ihn herangetreten. Es sei zu teuer, Österreich von Deutschland aus zu betreuen und man hat ihm angeboten, als Generalvertreter den gesamten Vertrieb, inklusive des Lagers für Österreich zu übernehmen. Wenn er zu seiner Firma käme, würde er zusagen, er könne als Vertriebsleiter mit Prokura gleich alle Produktsparten übernehmen. Selbstverständlich sagte er zu und dachte bei sich: *back to the roots, die Lacksprays lassen dich nie wieder los.* Auch seine Frau freute sich diesmal und meinte nur kurz: „Da siehst du ja alle deine alten Kunden wieder und vielleicht kann ich auch wieder mithelfen".

Zwei seiner alten Vertreter übernahm er, für Süd- und Westösterreich musste er Neue einstellen. Auch die alten Fahrverkäufer waren wieder im Team.

Aber der Markt hatte sich, während seiner Abwesenheit von dieser Branche, enorm verändert. In erster Linie die Vorschriften für die Lagerung, das Ozonloch und der saure Regen waren große Themata, es mussten die Treibgase von unbrennbaren auf brennbare getauscht werden, was natürlich feuerpolizeiliche Erschwernisse brachte, aber die Nachfrage war ungebrochen und so waren die Hürden zu bewältigen.

Er fühlte sich wie nach Hause gekommen. Die (meisten) Kunden freuten sich, ihn wiederzusehen und die Einkäufer in den Zentralen waren Großteils noch dieselben.

Bisher war der Farbenhandel sehr konservativ und wurde häufig als rückständig bezeichnet. Doch es waren viele Junge nachgerückt, die etwas vom Marketing verstanden und für Werbung offen waren. Sie waren aber auch viel kritischer. So beklagten sie bei den Gremiumssitzungen immer, dass stark beworbene Markenprodukte sehr wichtig für ein komplettes Sortiment seien, wenn sich aber die Supermärkte nicht an den empfohlenen Verkaufspreis hielten, eine Auslistung die Konsequenz sein müsste. Man wolle ja nicht als Preistreiber dastehen.

Eine Lösung dieses Problems schien in Sicht, als er anlässlich einer Tagung im Produktionswerk durch das Werbemittellager streifte. Er entdeckte Dosenetiketten, die er noch nie gesehen hatte. Modern, auffällig und sehr bunt. Auf seine Frage, antwortete der Werbeleiter, diesen Entwurf hätte er schon vor Jahren gemacht, er sei aber abgelehnt worden, weil der amerikanische Lizenzgeber der Marke auf der alten, originalen Aufmachung bestehe. Nach der Pause, als die Konferenz weiterging, brachte er den Vorschlag, diese Etikette mit einem anderen Namen zu versehen und den Diskontern anzubieten. Damit wäre der direkte Preisvergleich mit dem Fachhandel vom Tisch und die Unruhe wäre bereinigt. Der Chef, es war der älteste Sohn des Firmengründers, da dieser verstorben war, fand diese Idee gut und erklärte sich bereit, beim Sortimentsaustausch bei den Diskontern zu helfen.

Das war die nächste sehr große Hürde. Trotz seiner Argumente, die neue Etikette sei viel schöner, moderner, verkaufsfördernder, bunter und aufmerksamkeitserregender für den SB-Bereich, hatten ihn einige Einkäufer durchschaut. Er wolle nur den stark beworbenen Markenartikel gegen ein No-Name-Produkt tauschen, sagten sie. Er versprach, dass das komplette Sortiment mitsamt den Ladenhütern zurückgenommen und gegen das Neueste und Aktuellste getauscht würde. Außerdem ginge er mit ihnen ins Sacher essen. Dies war wohl das beste Argument und ausschlaggebend. Damals waren Einladungen noch erlaubt und konnten als Bewirtungskosten steuerlich geltend gemacht werden, es gehörte auch zu den geschäftlichen Usancen.

Beim nächsten Treffen der Farbenfachhändler waren alle Wogen geglättet und er konnte sogar bei manchen den Mitbewerb verdrängen.

Nach sechs oder sieben Monaten veränderten sich die Eigentumsverhältnisse der Lackfabrik. Die neuen Inhaber hatten ihren Hauptsitz nicht mehr in Wien, sondern in einem anderen Bundesland. Um Zeit zu sparen und vor allem das häufige Pendeln zwischen Zentrale und Wien zu vermeiden, wurde sein Kompetenzbereich stark ausgedehnt und er war nun auch für die Produktion der Lacke und das Labor zuständig.

Privat hatte sich auch sehr viel getan, die drei Söhne waren inzwischen verheiratet und er hatte schon zwei Enkel und zwei Enkelinnen. Wenn sie Weihnachten oder Geburtstage feierten, war die Wohnung mit zwölf Personen schon recht voll, aber im Vergleich zur Maturafeier von Thomas eher bescheiden. Da waren 65 Menschen zugegen.

Der Älteste, Gerhard, wohnte jetzt in Groß-Schweinbarth in einem schönen Haus mit Garten, hatte die Installateur-Meisterprüfung abgelegt und war als Techniker in einem größeren Betrieb tätig. Thomas war nach kurzer Selbstständigkeit, Verkaufsleiter bei der Post geworden und Christian versuchte sich eine Zeit lang als Imker.

Nur der Ordnung halber sei erwähnt, dass er seine Kinder niemals angerührt hat. Nicht einmal eine Tachtel haben sie von ihm bekommen.

In Deutschland, im Produktionswerk der Lacksprays, hatten sich die Machtverhältnisse dramatisch verschoben. Zwar war der Sohn des Firmengründers noch immer der Boss, doch er hatte den Verkaufsleiter des größten Konkurrenten ins Unternehmen geholt und als seine rechte Hand installiert. Es war ein schielender, unsympathischer alter Grantler, dem es gelungen war, sich quasi als

Vaterersatz beim Junior einzuschleimen. Ihn mochte er überhaupt nicht, da seine frühere Marke in Österreich kaum eine Rolle spielte.

Es wurde die Jahresverkaufskonferenz in Fürigen, am Vierwaldstätter See, einberufen, bei der in einem kleineren Kreis die Entscheidung betreffend Österreich getroffen werden sollte. Man wollte den Vertrieb in Österreich wieder selbst in die Hand nehmen und der Lackfabrik kündigen.

Man präferierte ein Verkaufsbüro in Korneuburg, das Verkaufsteam sollte unter seiner Führung als Prokurist beibehalten werden, aber alle Lieferungen sollten aus Deutschland erfolgen.

Zu spät erfuhr er, dass der Eigentümer der Immobilie am neuen Standort ein guter Bekannter des deutschen Verkaufsleiters war. Aber der Vertrag war bereits unterschrieben, zwar vorläufig auf nur drei Jahre, doch er hatte, per Handschlag, versprechen müssen, bis zu seinem fünfundsechzigsten Lebensjahr beim Unternehmen zu bleiben.

Der Abschied von der Lackfabrik war zwar nicht ganz harmonisch, aber er argumentierte, er wäre nur wegen der Lacksprays geholt worden und da dieses wichtige Produkt nun weggefallen sei, ging er einfach mit. Wofür man am Ende doch Verständnis zeigte.

Die Umstellung verlief ganz gut, denn die wichtigsten und größten Kunden wurden nach wie vor vom Fahrverkauf betreut und so änderte sich hier nichts. Bei den kleineren Händlern gab es auch keine Probleme, da die Lieferungen aus Deutschland sehr prompt erledigt wurden und alles kostenfrei war. Eine ruhige Phase war angebrochen, die jedoch nicht lange anhielt. Der SB-Markt wurde innerhalb von nur zwei Monaten komplett auf den Kopf gestellt.

Die beiden wichtigsten Baumarktketten verlegten ihre Einkaufsbüros zurück nach Deutschland und ab sofort wurden alle Listungsgespräche in den deutschen Zentralen geführt. Dies machte seine Position, nach Ansicht des deutschen Verkaufsleiters, in Österreich überflüssig, was zur Folge hatte, genau am Tag seines Vertrags Ablaufes wurde ihm gekündigt.

Ein halbes Jahr Kündigungszeit bei vollen Bezügen, sofortiger Dienstfreistellung und eine ordentliche Abfertigung war es den Deutschen wert, ihn los zu werden. Er nahm natürlich sofort mit dem Firmeninhaber Kontakt auf, doch dieser wich aus, sagte, es seien ihm diverse Gerüchte zu Ohren gekommen, welche er nicht kommentieren wolle, und an und für sich täte es ihm leid, dass er sein Versprechen nicht einhalten könne. Aber er solle die Fakten akzeptieren.

So einfach ging das aber nicht. Fast dreißig Jahre bei diesem Unternehmen, einen sehr guten Job in einer bekannten Lackfabrik hingeschmissen und jetzt mit achtundfünfzig auf der Straße stehen.
	Seine Pläne hatten anders ausgesehen. Aufgrund der Zusage, mindestens noch acht Jahre bei den Lacksprays

zu bleiben, hatte er mit seiner Frau beschlossen, ab seinem 60er zu sparen. Das Ziel, ein Appartement in Ellmau für die Zeit in der Pension.

Dieser Traum war nun plötzlich, völlig überraschend, geplatzt. Finanziell mussten sie sich keine Sorgen machen, aber wenn ein erreichbares Wunschziel innerhalb von Minuten zur Utopie wird, ist das gar nicht lustig. Doch das Leben ging weiter.

Seine Frau nahm es von der heiteren Seite. Sie meinte: „Jetzt haben wir Gelegenheit, zu testen, wie es in deiner Pension sein wird, wenn wir Tag und Nacht aufeinander picken".

Da er fünfunddreißig Jahre in der Farbenbranche tätig gewesen war, hatte sich durch die vielen Tagungen und Konferenzen in diversen Gremien und Fachverbänden automatisch ein gewisses Netzwerk entwickelt. Das zahlte sich für ihn jetzt aus. Er wurde von einer kleineren Manufaktur kontaktiert, ob er als Konsulent für sie Österreich betreuen wolle. Er war sehr froh darüber und auch darüber, dass er immer, selbst mit den „Streithanseln" in der Innung, um eine Kompromisslösung bemüht gewesen war.

Seine große Schwester war an Bauchspeicheldrüsenkrebs verstorben und er erhielt eine Parte, der überraschenderweise ein Brief beigelegt war. Sein Schwager erklärte darin sein Unbehagen über die derzeitige Situation und bat ihn, nach der Beisetzung an dem Leichenschmaus (was für eine schreckliche Bezeichnung für die Verabschiedung von einem geliebten Menschen) teil zu nehmen, um ein versöhnliches Gespräch zu führen. Darin erklärte er, er hätte seine Frau niemals in Bezug auf ihre Einstellung gegenüber ihrem Bruder verstanden und eigentlich auch nicht gebilligt, aber in diesem Punkt hätte er sich einfach nicht durchsetzen können. Auch mit seinen anderen Geschwistern konnte er reden und niemandem war klar, wie diese Situation eigentlich entstanden war. Man trennte sich mit dem Versprechen, einander zumindest zu den Geburtstagen zu treffen und den Kontakt aufrechtzuerhalten.

Beruflich war er jetzt in einem ruhigeren Fahrwasser. Er musste zwar auch jetzt mit vollem Einsatz arbeiten, da sein Einkommen erfolgsabhängig war, dafür gab es keine Intrigen und es war niemand da, der an seinem Sessel sägte, er war ja niemandem im Weg. Als Konsulent war er nicht in die Firmenhierarchie eingebunden.

Da alle Söhne schon längst verheiratet waren und selbst auch schon Kinder hatten, konnte er, da er nur mehr in Österreich und mit dem Auto unterwegs war, seine Frau fast überall hin mitnehmen.

Einmal waren sie an einem besonders schneereichen Tag, er musste sogar Schneeketten anlegen, im Mölltal unterwegs. Als sie abends das Quartier bezogen hatten, es war eine wunderschöne Pension, schaute sie beim Fenster hinaus. Der Mond schien hell, ein Meter Schnee im Garten und mittendrin ein kleiner Baum ohne Blätter, der einen knallroten Apfel trug. Von diesem Bild schwärmte sie noch jahrelang.

Ihre Urlaube beschränkten sich jetzt auf Thermenaufenthalte, die sie in Schulferien verlegten, um die Enkel mitnehmen zu können. Überraschenderweise genossen auch die Kinder diese Zeit, da mit abenteuerlichen Wasserrutschen und Grotten, in die man hinein tauchen konnte, auch einiges an „Action" dabei war.

Kurz nach seinem sechzigsten Geburtstag nahm er mit der Pensionsversicherungsanstalt Kontakt auf, um seinen Status zu erfahren. Nach einigen Monaten erhielt er die Nachricht, dass er ab Juli abschlagsfrei in die vorzeitige Alterspension gehen könne, da er mehr als sechsundvierzig Beitragsjahre vorweisen konnte.

Anlässlich der Osterfeiertage, zu denen traditionsgemäß einige Familientreffen an verschiedenen Orten stattfanden, erzählte er seinen Kindern davon. Alle freuten sich darüber und rieten ihm, das Angebot anzunehmen. Schließlich bestand auch seine Frau darauf, „ja" zu sagen, denn sie spürte natürlich, auch wenn finanziell alles in Ordnung war, er sich in der Firma doch als „Anhängsel" fühlte und selbst auch nicht mehr weitermachen wollte. Obwohl er gerne noch gearbeitet hätte, aber das Umfeld passte einfach nicht mehr für ihn. Das war's also.

Der Pensionist

Die ganze engere Familie feierte im Schloss Wilhelminenberg seinen Abschied vom Berufsleben und schlug ihm die skurrilsten Möglichkeiten vor, die er jetzt verwirklichen könnte. Aber er ging es langsam an. Er war bei seiner Arbeit eigentlich nie unter Stress gestanden, aber das Bewusstsein, über die Zeit frei verfügen zu können, hatte schon einen gewissen Reiz. Stress kannte er deshalb nicht, weil er der Meinung war, dieser kann nur dann entstehen, wenn man gezwungen ist, unter Druck Dinge zu tun, die man nicht mag. Und Druck, fand er, entsteht nur dann, wenn man eine lösbare Aufgabe nicht rechtzeitig beginnt, oder sich nicht gut darauf vorbereitet hat.

Seine Frau war durch Prospekte auf die DDSG aufmerksam geworden und so fuhren sie bei jedem interessanten Angebot mit dem Schiff. In die Wachau zur Weinverkostung, nach Dürnstein, um mit dem kleinen Bummelzug herumzufahren, nach Regensburg, nach Bratislava, nach Budapest usw. Vor allem aber mit zwei ihrer Freundinnen zu Silvester. Das wurde zu einer jahrelangen Tradition.

Auch für den Heiligen Abend. Die Kinder und manchmal auch die Enkel kamen vormittags auf einen kurzen Besuch vorbei, weil seine Frau und er darauf bestanden, dass die Bescherung nur der eigenen Familie gehört. Am Christ- und Stephanitag waren dann alle beisammen.

Zum Basteln gab es auch genug. Im Keller, in der ehemaligen Hauswaschküche, hatte er sich eine vernünftige Werkstatt eingerichtet. Er konnte da auch mit Holz arbeiten, was er sehr gerne tat. Etwa ein Bücherregal, zwei Meter breit, zwei Meter fünfzig hoch, zwei Truhen für das Vorzimmer, für Kappen, Schals, Handschuhe etc. und für die Küche ein Gestell, welches über der Abwasch an der Küchendecke an vier Messingkettchen hängt, für alle Kochutensilien. Nur bei den Autos konnte er gar nichts mehr selbst machen.

Mit der neuen Elektronik kannte er sich einfach überhaupt nicht aus.

Zum fünfzigsten Hochzeitstag waren sie sehr gesittet. Sie gingen diesmal nur zu McDonald's, das andere wäre sogar ihnen zu krass gewesen, jenseits der siebzig! Wie sähe das denn aus!

Kein Trara, kein Aufheben, schlicht wie damals in der Küche seiner Eltern.

Von Anfang an waren sie sich einig gewesen, dass ein Hochzeitstag nur das Ehepaar selbst etwas anginge. Ausschließlich. Niemanden sonst. Das gaben sie so an ihre Söhne weiter, weshalb es auch zu derartigen Anlässen niemals eine Familienfeier gab, jedenfalls nicht mit ihnen.

Der Kontakt zu seinen Geschwistern entwickelte sich doch nicht so, wie beim Begräbnis der großen Schwester vereinbart. Sie trafen einander zu den Geburtstagen beim jeweiligen Geburtstagskind und einmal zu Sommerbeginn, wenn das Wetter passte, im Garten seiner kleinen Schwester.

Als sie zum ersten Mal in seine Wohnung kamen, staunten sie nicht schlecht. Hundertzehn Quadratmeter, ein eigenes Esszimmer mit exklusiven Wurzelholzmöbeln, das hatten sie nicht erwartet. Da erzählte er ihnen zum ersten Mal von seinen beruflichen Erfolgen und bei welchen bekannten Firmen er Prokurist oder Geschäftsführer gewesen war. Der Bruder nickte nur und die Schwester schaute sehr skeptisch drein. Als er ihr seine Visitkarten aus dieser Zeit zeigte, war sie etwas verlegen und kleinlaut. Offensichtlich hatte sie geglaubt, er gäbe an. Ausgerechnet er, der Versager, der von der Schule geflogen war, unglaublich. Nachdem sie mit Sekt angestoßen hatten, tauten die Geschwister etwas auf und unterhielten sich sogar sehr nett mit seiner Frau. Sie verabredeten sich für die Woche darauf zu einem Essen in Thallern, zu dem er sie abholen sollte. Als er mit seinem Mercedes beim Treffpunkt vorfuhr, waren sie nochmals erstaunt.

Die NÖ-Card brachte auch einige Abwechslung in ihr Leben. Abgesehen von schon bekannten Destinationen, war auch der Besuch einer Straußenfarm vorgesehen. Das war einmal etwas ganz Neues. Der Balzruf eines Straußenhahnes hörte sich an wie der Brunftschrei eines Hirsches, den sie schon am Semmering gehört hatten. Denn auch hier waren sie öfters zu Gast. Das Panhans hatte ein tolles Ambiente und gefiel seiner Frau fast genauso gut wie die Thermen, in denen sie gewesen waren. Fast, denn das hauseigene Schwimmbad war damals kein Aushängeschild. Aber die Abende hatten immer ganz tolle Attraktionen. Ihr Favorit: die Kellner-Chaos-Show, weil dabei echte Akrobatik mit viel Klamauk kombiniert war.

Dass seine Frau den grünen Star am linken Auge hatte, war schon seit Langem bekannt. Trotzdem konnte sie noch lesen und war im Alltag mit entsprechenden Brillen nicht sonderlich beeinträchtigt. Auch der weiße Hautkrebs war operiert worden und kein Problem mehr. Der Eisenmangel, Osteoporose und Arthritis waren der Grund für ihre Arztbesuche.

Eines Tages, bei einem routinemäßigen Besuch beim Hausarzt, kippte sie plötzlich um und musste mit der Rettung ins Spital gebracht werden. Es stellte sich heraus, sie hatte COPD III und eine chronische Leukämie. Nach einer Herzuntersuchung, einer Myokardszintigraphie mit einem radioaktiven Kontrastmittel, fühlte sie sich sehr unwohl und erholte sich davon nie mehr ganz. Es wurden ein Linksschenkelblock und eine Herzinsuffizienz diagnostiziert.

Wieder zu Hause musste sie ab sofort Sauerstoff über eine Nasenbrille nehmen. Anfangs reichten zwei Flaschen pro Woche.

Sie wurde zusehends schwächer und magerte deutlich ab. Sie wurde zum Pflegefall. Sie wollte ihn unbedingt dazu überreden, bei der Heimhilfe Unterstützung anzufordern, was er empört ablehnte. Er brauche niemanden, der ihm hilft, seine Mausi zu pflegen, das könne er ganz allein.

Dann bekam sie einen Herzinfarkt, mitten in der Corona-Pandemie. Im Krankenhaus wurde nach eingehenden Untersuchungen festgestellt, dass sie einen Bypass benötigte, eine Operation wegen ihrer krankhaften Magersucht (Kachexie) aber unmöglich sei. Untergebracht war sie in einem Sechs-Patienten-Zimmer, fünf Männer und sie. Ihr Bett stand direkt neben der Türe zu einem Untersuchungsraum, der sehr frequentiert war. Da sie zu schwach war, um auf das Gang-WC zu gehen, stellte man neben ihr Bett einen Leibstuhl, ohne Paravent.

Während sie ihre Notdurft verrichten musste, gingen dauernd Personal und Patienten an ihr vorbei. Das fand sie derartig menschenverachtend und demütigend, dass sie darauf bestand, das Spital auf der Stelle zu verlassen. Auf Revers, versteht sich. Wieder zu Hause fühlte sie sich unter seiner Pflege bald wieder etwas wohler. Obschon, die COPD wurde rasch schlechter und sie benötigte bereits mindestens eine Flasche Sauerstoff pro Tag. Dass sie nie inkontinent wurde war ihr ein großer Trost, das hätte sie ihre Würde gekostet, denn sie ließ sich nie gehen. Und dass sie geistig noch auf der Höhe war, war ihr auch sehr wichtig.

Jeden Tag nach der Morgentoilette half er ihr, sich anzuziehen. Sie bestand auf täglich frischer Unterwäsche und darauf, sich auch anderes zu kleiden. Das war insofern kein Problem, da sie ihm genau sagen konnte, wo er eine bestimmte Bluse, einen bestimmten Rock, einen Pulli oder eine Hose fände. Nachdem er getragene Stücke nach dem Waschen und Bügeln genau wieder dorthin räumte, wo er sie hergenommen hatte, wusste sie immer genau Bescheid. Nachdem er sie gekämmt hatte, war sie zufrieden und legte sich aufs Bett. Wenn sie es für nötig befand, machte er nach dem Waschen und Zähneputzen Maniküre und/oder, Pediküre. Irgendwie war er froh und auch ein bisschen stolz, dass sie nach wie vor so pedantisch auf ihren Körper war.

Seine eigenen Arzttermine verschob er nach hinten. Zahn-, Augenarzt und Orthopäde waren ohnehin nur Kontrollen, da er nichts Akutes hatte, und die fünfzehn Minuten, die er zum Einkaufen brauchte, konnte er seine Frau schon alleine lassen. Außerdem hatten sich alle Kinder angeboten, im Bedarfsfall auf die Mutti aufzupassen. Sie kamen sowieso jede Woche mindestens einmal zu Besuch und setzten sich zu ihrer Mama ans Bett. Es zerriss ihnen jedes Mal das Herz, wenn sie sehen mussten, wie ihre Mutter litt.

Immer öfter war jetzt in ihren Gesprächen der Tod ein Thema. Sie war mittlerweile zweiundachtzig Jahre alt geworden und ihre Schmerzen wurden langsam unerträglich. Sie wollte endlich sterben, aber unbedingt zu Hause. Damit war er wiederum nicht einverstanden. Weder, dass sie starb, noch, dass sie dies daheim tat.

Er fragte sie, ob es tatsächlich ihr Wunsch sein konnte, dass er ihr beim Sterben zusehen muss? Sie wirkte auf seinen Einwand zwar etwas eingeschnappt, aber ihren Wunsch, sterben zu wollen, müsse er akzeptieren, da die Schmerzen so arg waren.

Eines Abends bat sie ihn, die Rettung zu rufen, weil es ihr sehr schlecht ginge. Er wollte unbedingt mitfahren, doch die Sanitäter verweigerten dies mit dem Hinweis, seit Corona seien die Vorschriften im Gesundheitswesen viel strenger geworden. Sie umarmten und küssten einander und er winkte ihr beim Wegfahren lange nach. Um etwa drei Uhr morgens erhielt er von der Notaufnahme die telefonische Mitteilung, seine Frau sei verstorben. Er fragte sich, ob sie gefühlt hatte, dass es zu Ende ging, und sie wollte ihm den Gefallen tun, nicht in seinen Armen zu sterben? Ließ sie sich deshalb ins Krankenhaus bringen?

Als er am Morgen die Söhne telefonisch informierte, was geschehen war, brach auch für sie eine Welt zusammen.

Sie kamen zu ihm in die Wohnung und alle vier heulten wie die Schlosshunde.

Die Verabschiedung zur Kremation am Zentralfriedhof war schlicht, aber sehr geschmackvoll, so wie sie gelebt hatte. Auch das Arrangement war sehr schön. Die besten Freundinnen kamen nicht, da er ihnen keine Parte geschickt hatte. Vor allem wollte er vermeiden, dass die leibliche Mutter von Christian anwesend war.

Es war sehr schwierig gewesen, die richtigen Worte für den Nachruf zu finden. Das Beerdigungsinstitut hatte ihm vorgeschlagen, einen Profi dafür zu engagieren.

Doch das kam überhaupt nicht in Frage. Ein Fremder sollte über seine Frau sprechen? Niemals!

Er überlegte lange hin und her. *Völlig unsinnig*, dachte er plötzlich, denn *er brauchte sie ja nur ein wenig beschreiben*.

Das waren (fast) die letzten Worte an seine große Liebe

Liebe Mausi, Mama und Oma!

Niemandem, der dich gekannt hat,
braucht man dich erklären.
Alle haben dich geliebt, weil du einfach du warst.
Facettenreich, manchmal eigenwillig,
aber immer für alle da.
Und doch, ein paar Wesenszüge
sollten erwähnt werden.
Deine Familie, inkl. deiner Eltern
kamen an erster Stelle, erst danach hast du an dich
gedacht. Du warst unermüdlich und mutig und
fandst für fast jedes Problem eine Lösung.
Ein zuverlässiger Trost- und Rückzugsort für unsere
Kinder, aber andererseits
warst du auch bei jeder Hetz dabei.
Reiten, Skifahren und Tennis spielen haben dir
ebenso Spaß gemacht wie Tanzen, Theater und
Oper. Du warst eben eine richtige Dame.
Und du hast auch noch Zeit gefunden, als Obfrau des
Elternvereins bei den Schulbrüdern
viele soziale Projekte durchzusetzen.
Besonders großes Herz hast du bewiesen,
als du Christian als Baby in unsere Familie geholt
hast. Aber deine liebenswertesten Eigenschaften
waren deine Güte, deine Zärtlichkeit, Nachsicht,
deine Bereitschaft zu verzeihen, Geduld und auch im
richtigen Moment loszulassen.

Wir sind unendlich traurig und es tut so weh.

Danach ging er, nur mit seinen Kindern, deren Frauen und den Enkeln auf einen kurzen Kaffee. Alle waren so traurig und es hatte eigentlich niemand Lust auf ein Geplaudere.

Als er allein zu Hause war, begann er mit seiner Frau zu schimpfen, was er so noch nie getan hatte. Er suchte ein schönes Foto heraus, zündete eine Kerze an und begann dann richtig zu keppeln. Was solle er jetzt machen ohne sie, so kurz vor dem sechzigsten Hochzeitstag, den sie fest versprochen hatte, mit ihm beim McDonald's zu feiern, auf welcher Seite des Bettes solle er jetzt schlafen und überhaupt so einfach gehen!

Nachdem er seiner Trauer freien Lauf gelassen und sich dann wieder gefasst hatte, war er dankbar und froh, dass sie endlich von ihren Qualen und Leiden erlöst worden war. Alles andere wäre unmenschlicher Egoismus, fand er.

Damit tröstete er sich. Es gab ja ohnehin keine Alternative.

Ein Jahr später

Selbstverständlich war das Leben weiter gegangen, aber es ist ein völlig Anderes.

Um sich abzulenken trat er einem der Pensionisten Klubs bei, die ein breites Beschäftigungs – und Unterhaltungsprogramm anbieten. Von Tanzveranstaltungen über Kartenspiel bis zu Klubfesten, Halb- und Ganztagsausflügen Wirklich vielfältig und abwechslungsreich. Während eines Besuches, fiel er, als er sich etwas holen wollte, einfach um. Es war kein Schwindel und auch keine Ohnmacht. Die Knie knickten einfach weg und er lag am Boden. Mit der Rettung wurde er ins Spital gebracht, neurologisch und kardiologisch untersucht. Man fand keine Ursache. Für ihn hatte das Alter bis dahin keine Bedeutung gehabt. Er hatte beim letzten Klub Fest zwei Stunden lang Boogie durchgetanzt, konnte alles machen, sogar noch das tägliche Training mit Hanteln, Expander und Reckstange, für die Beinwaagen, inklusive Kopfstand und jonglieren mit drei Tennisbällen. Aber dieser Umfaller hat bei ihm quasi einen Schalter umgelegt. Seither fühlt er sich so alt, wie er tatsächlich ist. Zeitweise glaubt er wie in Trance in einer Parallelwelt zu leben. In dieser Phase tangiert ihn nichts, es ist ihm alles egal, ob etwas passiert oder auch nicht, er plätschert einfach nur dahin. Seine Söhne machen sich Sorgen, die er aber mit gespieltem Optimismus und Aktivität zerstreut. Er vermutet zwar, dass sie ihm das nicht ganz abnehmen, tun aber so als wären sie beruhigt.

Bei der Portugalrundfahrt, die er mit einer Reisegruppe machte, traf ihn das Fehlen seiner Frau besonders. Er war der einzige Singelreisende und es war ihm zutiefst unangenehm immer fragen zu müssen, ob er sich an einen Tisch dazu setzen dürfe, weil er die Privatsphäre der Anderen nicht stören wollte.

Obwohl die Gruppe drei Tage in Porto war, besuchte er die Quinta Villar d`Allen nicht, weil er nicht wusste, wie ihn sein Pflegebruder wegen der Muschelgeschichte empfangen würde. Zumindest ankündigen hätte er sich sollen. Vor Ort war ihm natürlich sofort klar, dass es eine Riesendummheit war, dies nicht getan zu haben, denn Wien und Porto trennen dreieinhalb Flugstunden. Es ist also nicht gleich ums Eck.

Im Laufe der Reise wurde er von einigen Paaren aufgefordert sich doch zu ihnen zu setzen, aber das änderte für ihn nichts.

Eigentlich hatte er schon geplant weitere Reisen zu unternehmen, nach Japan und zur Stadt Petra, die ihn besonders interessiert. Doch nach den Erfahrungen von Portugal, ist er verunsichert ob es nicht noch zu früh für ihn ist. Erst muss er wieder seine alte Form zurück haben.

Epilog

Das Niederschreiben hat gut getan. Dabei war es so einfach, ab der Entscheidung es zu tun, ging es leicht von der Hand. Als wäre ein Ventil geöffnet worden. Nicht eine Minute musste er nachdenken, was er schreiben sollte. Es war alles vorhanden. Jetzt hat er das Gefühl, wirklich alles Schlechte und Böse endgültig verarbeitet und abgehakt zu haben. Natürlich bleiben es Fakten, aber sie berühren ihn emotional nicht mehr. Die Schönen und Angenehmen Dinge wurden durch das sich daran Erinnern wieder ganz lebendig. Er har sich schon lange nicht mehr so entspannt und ausgeglichen gefühlt. Nur die Trauer, die ist noch immer riesengroß und sie wird nie enden.

Der Verlag

VINDOBONA

VERLAG SEIT 1946

ein Verlag mit Geschichte

Bereits seit 1946 steht der Vindobona Verlag im Dienst seiner Bücher und Autoren. Ursprünglich im Bereich periodisch erscheinender Journale tätig, präsentiert sich der Verlag heute als kompetenter Partner für Neuautoren am deutschen, österreichischen und schweizerischen Buchmarkt. Engagement, Verlässlichkeit und Sachverstand – das sind die Grundpfeiler, auf denen der Verlag seit jeher sicher steht.

Sie möchten mit Ihrem Werk das vielseitige Verlagsprogramm bereichern? Der Vindobona Verlag garantiert Ihnen eine professionelle Prüfung Ihres Manuskriptes durch das Lektorat sowie eine zeitnahe Rückmeldung.

Genauere Informationen zum Verlag
finden Sie im Internet unter:

www.vindobonaverlag.com